夢研究者と神

神が語った睡眠・宇宙・時間の秘密

ベリー西村

明窓出版

◎　夢研究者と神　～神が語った睡眠・宇宙・時間の秘密　目　次　◎

プロローグ

あなたには、こんな経験はありませんか？

昼下がりのオープンカフェ。

少なくなったアメリカンをカップで回しながら見つめる舗道、停車してくる水色の外車。

助手席が開き、降りてくる広縁帽子の女性、流れる真っ赤なヒール。

「あっ、このシーン、前に夢で見ていた……」

ぼんやりそう思ったこと。


「このウエストラインは最新なんですよ、お似合いになると……」リッチそうなお客に売り込むパーティドレス。

「いかがですか？」

「そうね、いいけど……、パッションレッドのはないの？」

「？？」聞き慣れないカラー要求に頭が一瞬真っ白に……。

「あっ、この会話、このシーン、夢で見てた……」

この感覚を「デジャヴュ」といいます。女性には珍しくはない体験ですよね。女性の二人に一人は経験するデジャヴュ。

残念なことに男性では五人に一人くらいなんですが、でも夢って不思議ですね。

この本の筆者、つまり私は、こんな夢世界が大好きで、夢研究会を作ったりもしました。

六〇〇名以上の人達から夢内容を聞き、記録にしたりと、一応研究会として取組んできました。

ある夜のことですが、夢の中で不思議な説明といいますか個人講義を受けたのです。

もしかして、いえいえ、多分「神様のような方」からの個人授業だったのです。

この本は「夢研究者と神」というテーマですが、その個人講義で教えていただいた内容から自然に「神」へアプローチしていくことになりました。

夢の研究でも、夢世界のすべてを教えてくれたのが、その「神様のような方」だったのです。

私はスピリチュアルサイエンス研究会を主催していますが、〝サイエンス〟という言葉も含まれているように科学的内容もあり、女性の方には少し専門的な内容となっているかも知れません。スピリチュアルサイエンスでは長いので、ここからは略して（SS）としますが、がんばって読み進めてください。

「神様のような方」からの個人授業から出発した研究ですが、すべて前例のない内容であり、参考文献などまったくありません。

後半からは神様の秘密になるのですが、まずは夢世界から入っていきます。

この夢世界でも「神様のような方」が十数年かけて教えてくださった内容で、他の夢研究の書とはまったく違っています。

あなたにも、過去からのイメージはすべてリセットの上、この本を読んで頂けますよう切に願います。

一・夢の本はつまらない

夢に関する本はつまらない！　これが多くの本を読んでみた私の感想であり結論です。

臨床学者はレム睡眠をメインに、眼球や脳波の動きから研究したり、心理学者は、価値のない、ただの「ゴミのような夢」を分析し精神鑑定に利用する。

一番つまらなくさせた根源がフロイトという学者です。

フロイトの研究、たとえば第一次世界大戦での兵士に発生したシェルショック（砲弾神経症）の治療法として考え出した退行催眠治療。

この催眠治療による研究はベトナム戦争、イラク帰還兵、大災害被害者の外傷後ストレス障害へのPTSD治療法の一つとして確立され、その研究や研究遺産は非常に功績が大きいのですが、一方、彼の夢分析だけは「いただけない」の一言です。

柱、傘など細長い物はすべて男性のペニス、洞窟や森、箱などはすべて女性性器、家、部屋は子宮、登山や乗馬、マラソンは性行為と、すべてセックスに結びつけてしまい、多くの夢を真剣に探求しようとする人々の情熱を消し去ってしまったといえます。

また、夢のすべてを体験していない心理学者では、自らは体験していない正夢など、とても理解できません。そこで「正夢は錯覚だ」と著書で断言したりしています。

そうかと思うと心理学分析の教材としてフロイトの著書を多用し、当然、内容としては変化が乏しく、つまらない本が多くなっているのでしょう。

臨床学や心理学を研究するアカデミズムは夢にはほとんど取り組んでいません。特に夢研究は追認のできない分野で、研究対象として不適切なことも一因でしょう。

そこで手軽にフロイト、ユングなどの過去文献を引用し、夢に関する本を執筆するので、ますます夢に関しての本はつまらなくなります。

スピリチュアル系の本はもっとひどくて、過去のフロイト夢分析をそのまま引用するので、どのような本を使用して夢診断、夢分析しても、あなたも私も皆、まるでセックスマシーンのような診断結果となってしまいます。

夢を理解するためにはSSからの視点が必要となります。

精神世界と科学的観察や思考とをドッキングさせた、両眼で見つめるSS的視点が不可欠といえます。

夢研究を発表するには「夢世界のすべてを体験した人」だけが、その資格を持ちます。

たとえば夢のなかで「これは夢だ」と自覚できる夢。この夢世界を本として紹介したマルコム・ゴドウィンの「THE　LUCID　DREAMER」（一九九七年）ですが、英語のLUCIDという単語を翻訳者が「明晰」と訳したため、その後日本では明晰夢という言葉で定着することになりました。これは翻訳者自身、自覚夢は無体験であり、そこで原稿内容から「明晰夢」と翻訳したのでしょう。自らその夢の実体験をすれば「自覚夢」という翻訳となったでしょう。その一方で「明晰夢」という言葉は読者へのキャッチーなネーミングだと私は感心もしています。

私は夢の体験から、そのような夢を「自覚夢」と命名、発表したのですが、現在では自覚夢という名称も少しずつ定着してきているようです。

夢の研究では、幸運なことに「神様のような存在」のサポートがあり、私は夢世界のすべてを知ることができました。

その夢世界は今までの理解や常識を覆すものです。

この本で私の学んだすべてを公開しています。SS視点からのご紹介であり、まったく新しい夢世界の研究発表です。

SS的視点の一例をご紹介しますと「夢とは何か」という質問があったとしましょう。

「あのー、夢とは何ですか?」

「はい、夢とは神様がすべての人に平等に与えた『神様の学校』に入学するための資格テスト問題です。解答への制限時間は、それぞれの人が一生という期間をかけて解いていく、長い長い入学資格テスト問題なんですよ」というのがSS視点です。

ビックリしましたか?

今までの説明とまったく違っているでしょう？

このような視点で夢研究をしているのがＳＳ研究会というわけです。

でも、睡眠中に見ているすべての夢が「入学資格テスト問題」というわけではありません。

神様が全員に配布する試験問題とは、

「繰り返し見る怖い夢」に限ります。

夢に興味や関心を持つ人って少ないんです。ほとんどの人は夢に興味も持たず、価値付けもしないのです。日常生活に追われ、夜毎見る夢に無関心な人が大多数なのですが「繰り返し見る怖い夢」だけは否が応でも心に残る夢となります。

万人に共通の夢、それが「繰り返し見る怖い夢」であり、神様から全員に配布されるテスト問題なのです。

昔、人間にとって夜は恐怖の時間でした。

現在では街灯も明るく、もちろん家の中は光でいっぱい。でも、ちょっと前には電灯もなくローソクの光だけだったり、もっと昔はたき火以外に灯りはありません。今のようにマイホームや鉄骨マンションでしっかりガードされた睡眠なんて望むべきもありません。隙間だらけの小屋や洞窟などで夜を過ごしていたのですが、特に睡眠中はもっとも無防備になります。その時、睡眠という行為自体が恐怖そのものです。星も月光もない漆黒夜に、外敵、動物、害虫などに進入される恐怖の中での入眠となります。それは想像しただけでも怖くなる状態でしょう。

そんな長い長い睡眠への恐怖心は強いトラウマとなり、ＤＮＡに深く刻まれているのかも知れません。そこで家族に囲まれ電灯もある安全で快適な睡眠が可能となった現在でも、そのトラウマから同じ恐怖の夢を何回も見るのでしょう。

「繰り返し見る怖い夢」が、なぜ神様の入学資格テスト問題なんでしょう？

その答えは本文にありますし、これからご案内していくのですが、もう一つ大切なＳＳ視点に関係する重要な存在があります。

「重力」です。

重力、無重力、反重力という力が夢の世界を理解する上でとても重要となってきます。

「どうして重力なの？」

「なんで夢に重力が関係するの？」

「ＳＳ視点から夢を見ますと、とても重要になるんですよ」

ＳＳ研究会の内容に驚かれた方もいるでしょう。実はこれは序の口にすぎません。

この本で夢のすべての世界をご紹介しています。

しかも、その夢研究から「神様」の姿、宇宙の創生までご紹介する摩訶不思議な本ですので、今までの夢に関しての知識や考えをここでリセット！

二、夢は三世界あった

あなたが見る夢は大きく三世界に分けられます。
1．脳が作り出す夢＝「ゴミのような夢」＝「脳夢」
2．分岐点の夢＝「中間意識の夢」＝「境界意識夢」
3．魂の作り出す夢＝「魂が見せる夢」＝「魂夢」

過去、夢は一つとして考えられてきました。と言いましても正夢、逆夢、吉夢、予知夢、白日夢など種類別はもちろんありました。

ところが夢を見る「源《みなもと》」で夢を区別する考えはありません。夢が発生する「源」の違いで三世界となり、それぞれの夢となっていくのです。

もっと違った分類もできますが、どのＳＳ視点からも夢世界は三世界となります。
1．レム睡眠＝「ゴミのような夢」＝「脳夢」
2．分岐点睡眠＝「中間意識の夢」＝「境界意識夢」
3．ノンレム睡眠＝「魂が見せる夢」＝「魂夢」

まだまだ分類する視点があります。それは脳波からの視点。

1. ベーター波・アルファ波＝「ゴミのような夢」＝「脳夢」
2. シーター波＝「中間意識の夢」＝「境界意識夢」
3. デルタ波＝「魂が見せる夢」＝「魂夢」

私たち人間は身体と魂から構成されています。身体には脳があり、身体をコントロールしていますが、魂は、身体が活動する時には眠っています。そして身体が眠り始めますと魂は少しずつ目覚めていくことになります。

身体の眠りと魂の目覚めの中間意識状態は不安定なのですが、とても重要な意識の分岐点となります。

そこから多種類の夢が作り出されていくのです。

脳夢とは一般的にみなさんが「夢」と理解されているものです。

あなたの脳と心が作り出す夢でレム睡眠中に見る夢ですので、SS研究会では脳が見る夢を「脳夢」とネーミングしています。さて「脳夢」でも多くの誤解や間違った言い伝えなどもあります。

その内容からご説明しましょう。

三 夢は白黒?

「カラーの夢は心が疲れている状態で見る」などと夢解釈本ではよく説明されていますがこれはまったくの誤りです。

たとえば今あなたにイメージしてもらいたいのが「スイカ」です。

イメージできましたか?

たぶん緑の表皮と真っ赤な果実や黒い種がイメージできたと思います。

それでは「スイカ」を白黒でイメージしてください。

イメージできましたか?

これは大変難しい……というよりスイカを白黒でイメージするのは不可能なはずです。

夢での色彩も同じことなのです。実際に夢の中でのスイカは、さきほどあなたがイメージした色彩で、白黒のスイカを夢に登場させるほどの特殊能力は私達にはありません。

イメージと脳夢でのシーンは、その映像を発生させるシステムが同じなので、イメージで表現された色彩がそのまま夢の中でも現れるのです。

少し練習してみましょう。

簡単に色をイメージできるのは強烈な色彩の物、たとえばカキ氷、トロピカルドリンク、パラソル、柿、ハイビスカスなど、なんでもかまいません。

黒い目の私たちには赤色が簡単にイメージされやすいのですが、青い目の人達には緑色が一番だったりします。

どうですか？　少しイメージできましたか？

夢世界はすべてカラーなのですが、では昔からなぜ夢は白黒、セピア色、モノトーンな色彩だと誤解されてきたのでしょう。

その原因として、次のようなことがあります。

1. 夢に興味がない。
2. 夢の内容に興味を持っても色彩まで関心を持たない。
3. 夢の思い出し方法がうまくできない。
4. 夢は研究対象になりにくい。
5. その他

5番の〝その他〟は暗示効果、映像解析能力などですが、やはり夢には興味を持ちにくいのが最大の原因と思われます。

夢に興味がないから、夢の思い出しも簡単に済ませてしまうのです。もっとも、目覚まし時計で強制的に日常に叩き戻される生活では、直前に見た夢ですら思い出すのは困難でしょう。

「でも、昨日の夢をちょっと思い出してみたんですが……やっぱりセピア色でした……」

「スイカは簡単でしたが、景色なんかは白黒みたいでした……」

「そうですか、あなたのCPUやキャッシュメモリーは何ギガですか？」

「えええっ、何ギガ？？？」

脳夢は脳が作り出した映像や音声です。どうしても脳の画像処理能力や性能が大きく関わってきます。

色彩を思い出しにくい一番の原因は、画面変化がパッパッと切り変わりやすい脳夢の特徴にあります。映像内容を変化させることに主眼を置き、色彩へのメモリーを二の次にしてパッパッと画面を切り替えていくことになり、結果、思い出そうとしても夢はモノトーンな色彩として認識されやすいのです。

筆者、つまり私ですが、夢研究会を主催したりと、一応夢にはプロ？　の立場なのですが、私も夢の思い出しでの第一段階は、その約半分がモノトーンでしかありません。

「やばい、まじめに思い出さなくちゃ！」

いつも最初はパッパッと簡単な思い出し方なのでしょう、そこでモノトーンと感じた夢は気を引き締めて、あらためて夢の思い出しをしています。

立場が立場の私でさえこのような状態ですので、夢に無関心な方や興味を持ちにくい方が「夢はモノトーンだ」と判断するのは当然です。

私の場合、その次の作業として、昨夜見た夢の詳細なシーンの思い出しに入ります。

一つのシーンを思い出し、そのシーンの中での「色」を探します。

ギター、ポスト、食べ物など何でもいいのですが夢のシーンの中で色の付いていたものを探し出すのです。そうしますと、街角風景や登場人物の服、渡されたプレゼントや包装紙、戦いに使用していた剣など、何かの登場した品物などに色が付いていたことを思い出すのです。

一つの色彩を思い出した瞬間、そのシーン全体がカラーだったことも思い出します。このような思い出し作業を続けていますと、モノトーンにしか思い出せなかった昨夜の夢もすべてカラーであり、やがて人間には色彩のあるものを白黒やモノトーンで記憶したり、色彩記憶した物品をイメージする時、その物品の色彩を「わざわざ白黒に変換して再現する」という特殊能力は備わっていない、と理解することになりました。

色彩イメージの再現ですが、子供の頃から童話や伝記など、本に慣れ親しんだ方には比較的簡単ですが、絵本やマンガ中心ですとそれは養われにくく、色彩に敏感な方、色彩を職業にしている人や関わりの多い方は、当然繊細な色彩が伴う夢が日常的となっています。

四、夢判断、夢分析は危険

脳夢に関していえば、夢分析、夢判断はまったくナンセンスです。

書店には夢判断、夢分析、夢診断などの本が溢れています。しかしこのような本は百害あって一利なしの代表であり、夢への関心や興味を阻害する要因です。

一例をあげますと「ハト」、そうです、あの鳥の鳩です。

私たちには平和の象徴というイメージですが「ハト」を見て「こわい!」と感じる人もいますし、糞害に悩まされている人も大勢います。

ところが夢診断で言いますと、

願いごとが叶う。特に白いハトは大幸運。

群れが大空を舞っていたら、仕事や勉強で成功する。

番《つがい》のハトなら恋愛運上昇……、とこうなります。


このように日本人の鳩に対する平均的イメージ、当たり障りのない分析や夢診断となってしまいます。鳩などの対象物への価値観、イメージは時代、地域、国によって異なります。日本国内だけで考えても県、市、町でも違ってきますし各家庭単位でも違うのです。

「タマちゃん」「あらちゃん」と人気のあるアザラシですが、エスキモーの人にはまったく違うイメージであるだろうことは容易に想像できます。

タレントのアグネス・チャンさんが始めて来日したとき、公園の鳩に驚いたそうです。

「おいしそー、どうして捕まえて食べないのかしら、不思議……」

日本人だって同じです。たとえばミツバチ。

この蜜蜂を副食として利用している地域の方には「ミツバチ」へのイメージは、他の地域の人の持つイメージとは当然違ってきます。

たとえば「ピアノ」に対するイメージも人によって様々。親の押し付けでピアノを勉強している人には苦痛、悩みの源にもなりうるのです。「飛行機」「犬」など全ての物質に対するイメージは個人個人で相違しています。

夢に「ピアノ」が登場すると「生活が派手になりつつある警告」などという画一的判断などは絶対にできないのです。

夢はあくまでパーソナルなものです。

国、地域、時代、家庭、世代、法律、常識、宗教など環境によって千差万別、しかも個人個人の現状環境、経済、健康、社会、家族、コンプレックスなどによる精神状態格差や就寝環境、寝具などあらゆる相違点と個人差があり、当然脳へのインプット情報も違ったものとなります。

特に個人の価値観は信じられないほど広範囲で、その心と身体をベースとして作り出される夢には無限の個人差が生じてきます。

私がいまでも理解できない価値観が「ウルトラマン」です。なんと「ウルトラマン」に性的欲求を抱く女性がいたのには驚きました。

フロイトは時代的には江戸末期のオーストリア人で、ユングは明治時代のスイス人です。いずれもヨーロッパの白人ですが、日本での影響力は甚大で、現代も多くの夢診断、夢判断のベースになっているように感じています。

私たち日本人は、なぜ日本人独自の「夢」に対しても研究や分析ができないのか不思議でなりません。

日食、女性（魔女狩り）、牛（神）、生け贄に代表される時代的誤解、宗教的価値観の相違、特に日食に関しては地球規模による歴史的価値観の相違があります。

日食と書いていますが、日食、月食、流星など天体すべてを含んでいると思ってください。

たとえば流星ですが、ある時、極東付近で流星Aが目撃されたとしましょう。

日本で見ていたあなたは「あっ、ラッキー」とか、昔ですと「人魂が流れている」くらいの感覚で受け取られていました。その同じ流星Aを見た韓国では「流れ星の落ちた方向で、今、高句麗を救う勇者が誕生した、バンゼー」と叫んだかも知れません。

その流星Aを中国で見た人は「ああ、随という国の皇帝が滅びる兆候だ、恐ろしい」と感じたかも知れません。

私は約二十年パイロットをしていて、空を飛ぶ夢も限りなく見ています。そのことから見ても、「パイロットや飛行する夢は自由へのあこがれ」などの夢診断はまったく馬鹿げています。

また、脳夢では間接的な心理描写による映像も登場します。

布団を跳ねのけていると雪山で遭難する夢を見るなど、このようにダイレクトに表現された夢内容だけなら分かりやすいのですが、脳夢でも間接的な心理表現もあります。

「会社で前借りしちゃった、お母さんに言うとうるさいから黙っておこう」と、親に秘密を隠しているから厚化粧する夢となったり、学生なら準備不足のまま迎えることになったテストへの不安から、ペラペラした白い悪魔に追っかけられる夢ともなるのです。

借金苦、とまではいかなくても「カード使いすぎたかな……」という気がかりがあって、銀行強盗犯として追いかけられる夢を見たのかも知れません。

会社員のあなた。仕事や人間関係で多少ストレスはありませんか。それが登っても登っても頂上にたどり着けずにズルズルと滑り落ちる夢になったのかも知れません。

どのような夢でもあなた自身で、心のヒダやその夢となった原因を理解できるはずです。

夢分析、診断本に影響を与えているのはフロイト、ユング以外では、エジプト、中国の古代書物や旧約聖書。周公解夢全書、黄潔一炊の夢、胡蝶の夢などが多用されています。

周公解夢全書、胡蝶の夢は秦の始皇帝よりも古い時代で、青銅の剣が最新兵器だった時代の話です。ヤコブの子ヨセフの夢分析などは、もう旧約聖書の頃の話で七頭の雌牛（ファラオの見た夢）などがよく引用されています。

夢はあくまで個人的な心や身体が作り出すものです。結論を申し上げますと個人個人で相違してくる価値観、イメージに対しての統一した解釈や心理分析は不可能です。

もっと言えば、夢分析、夢診断などありえないのです。極端にいえば夢診断や分析を人に依頼する心そのものが危険なのです。繰り返しますが夢世界は精神世界に属します。

科学で言えば量子力学の観察者意識が力学的に影響を持つという常識外の世界に所属するのが夢世界なのです。

「もしかしてこの夢は私が胃ガンになるという暗示かも知れない」と考えただけで実際にあなたの身体から胃ガンを生み出してしまうのが精神世界や量子物理学という超ミクロ世界の一大特徴です。

絶対に夢分析や診断などを気にしてはいけません。

夢をあなた自身で心理分析して、どのように奇怪で不思議な夢内容だったとしても、それが脳夢だと診断できたならば、

「なんだゴミの夢だったんだ、気にしない気にしない！」

と一秒でも早く忘れることです。

有名テレビドラマの総集編のようにしっかり編集されているならよいのですが、グジャグジャで支離滅裂な展開が……というのが脳夢により再現されるドラマです。

ちょうど精神分裂の患者とシンクロしてしまった新米精神科医のように、あなた自身が精神分裂へと引きずり込まれる危険性が出てくるのです。

特に現代では過剰な情報社会でテレビ、映画、インターネットから強烈なバイオレンス映像、悲惨な光景、空想の限りを尽くしたモンスターやゾンビなど、ありとあらゆる映像があなたの脳に、強制的にインプットされているのです。

あなたが体験や知識もない情報、宇宙遊泳、スカイダイビング、ライオンとの格闘、深海、未知の怪獣、言語なども入力されています。当然、夢では色々な映像や情報がミックスされ不可解な夢も見ることになりますが、そんな夢に惑わされてはいけません。

あなたの見た夢が「脳夢だ」と診断できたなら、なにも考えずに消去してください。

脳夢はゴミです。ゴミと一緒に暮らさないことが一番。

ゴミに囲まれての生活なんて不健康そのもの。

「それじゃ脳夢と診断する方法はあるのですか？」

「もちろんです！」

SS研究会はあなたが昨夜見た夢が「脳夢」だったと診断する簡単な方法をご紹介しましょう。

五．脳が作り出す夢の特徴

脳が作り出す夢「脳夢」の特徴は次の通りです。

1. 夢場面がドラマの総集編の様に激しく変化する。
2. 夢場面における行動、動作のショートカットが激しい。
3. 重力に支配される。
4. 登場人物の顔が判る。
5. 足が地についていない。

あなたの見た夢に脳夢の特徴があれば、悪い夢ならすべて忘れ去ることが大切です。いい夢ならば「楽しかった」「幸せ」と感じればいいし、悪い夢はすべて消し去るのです。

脳夢は本当に支離滅裂が本性です。

睡眠姿勢、寝室、寝具、採光、音響、雑音、気温、気圧、湿度、衛生、臭気などの環境系の影響をうけたり、ソフト面では過去からの記憶、体験、健康状態、生活、学業、仕事、金銭、交友、愛憎、性欲、食欲、排泄欲、物欲等がミックスされた力に影響される「あなたの現在心理」

更に、それに追い打ちをかける根深いコンプレックスやトラウマ。ハードとしての脳のCPU能力、キャッシュメモリー性能。

大環境系として磁場、満月、地震、太陽黒点、宇宙放射線……。

この数限りなく複雑極まりない影響力の総合、集合体が脳夢としてディスプレーされるのです。

しかも時間経過により刻々と力環境は変化するのでより複雑になります。

睡眠による発汗量、変化する姿勢、膀胱に溜まっていく尿……。

このようなカオスの極みから生み出される脳夢など一切気にしないことです。

友を殺そうが殺されようが、親が死のうが、宇宙人に頭を切開されようが、なにも気にすることなく、すべて忘れ去るのです。

そうは言いましても、どうしても気になる夢もあります。あまりの出来事に驚き飛び起きた直後などは「そんな夢」で頭は一杯。

たとえば私がパイロットの現役時代にこんな夢を見ました。

航空ショーか何かのアトラクションとして滑走路上でアクロバット飛行をする夢です。

背面飛行で滑走路を低空パスする夢だったのですが、操縦を誤り滑走路に背面飛行のまま激突。

「グギャーーーー!!!!」

と叫んだとたん目覚めました。汗びっしょり、恐怖に引き吊っての目覚め。そのあまりの大声に家族も飛び起きたほどです。心臓は激しく動悸を打っていました。

「な、なんだ!!　もしかして未来の……?」

コーヒーを飲みながら夢の思い出しに入りました。とてもそのまま眠れる心境でありません。

じっくり思い出しますと「それは」見つかりました。

操縦には決められたプロシージャー（手順）があり、その流れや動作が夢では簡略化されていたことに気づいたのです。

この手順や動作の流れですが、たとえばドアを開けて部屋に入る場合、ドアノブを持って、ドアを開き部屋に入っていきます。

脳夢ではその手順が簡略化されるのです。

ドアを見てノブを持った直後の画面が部屋の中を歩いてる場面となったりします。つまり「ドアを開く映像」が省略されるのです。

脳夢の特徴で言いますと一番と二番で、ここが一番重要な判断ポイント。

「なんだ、ゴミの夢だ。よかったよかった！　忘れよう！」

背面飛行で事故死する夢は脳夢だったと判定でき、私は安心して眠ることができました。

「私も部屋に入る夢もありましたけど、ドアを開いていく場面、ありましたよ」

私のいう「ドアを開く映像」とは、ドアはノブを持って引き、ドアは約九十度回転します。現実のドアの動きは一〇度二〇度三〇度四〇度五〇度やがて九〇度とスムースに開いていくわけですが、脳夢ではその「流れ」が省略されるのです。

恋人とのキス。脳夢では恋人の顔、肩に手、キスの場面と変化し、シーン的にはスムースだったと感じたとしましても、しっかり思い出し作業を行いますと実際のキス行為での手順からは「省略された動き」が見つかる、ということです。

テレビ、映画はすべて編集され、場面展開として放送されていくのですが、脳夢でも同じです。

私達は編集された動きや映像に慣れていますので、夢でも同じように「普通の動き」と感じたりしてしまうのです。

恋人とのキスなどの嬉しい夢ならもちろん分析など無用ですが、殺したり、殺されたりなど気になる夢での分析時の参考としてください。

殺人や決闘までいかなくても気になる身近な夢もあります。車を運転し他の車と接触事故を起こす夢などがそれです。

夢としては些細でありふれた出来事や内容ほど、あれは正夢？　予知夢？　と気になるものです。

夢で車と接触し右ボンネット辺りを大きく傷つけ「ああ、やってしまった、これって何点なんだ？」と反則点数を気にする内容など。

運転を日常にしている人ほど「これって未来の夢だったかも？」って気になります。

些細なことでも気になるなら、そのまま放置はよくありません。

「えっと、運転してて……、ハンドルを操作して……、突然隣に車が……、そして接触……」

夢の場面の流れを詳しく思い出しますと、脳夢の場合、必ず省略や場面カットした部分が見つかります。

ほとんどが脳夢というゴミの夢ですので、がんばって思い出しを！

六．脳夢を楽しもう！

人生八〇年としますと睡眠時間は約二三万時間、一晩で五回脳夢を見るとしますと十四万回。

「夢に興味ないわ」

「色つきの夢なんてみたことないよー」


このような方が見る夢の九九・九九九九九％が脳夢、つまりゴミのような夢となります。

しかもこのような方ほど恐ろしい、苦しい、怖い、といった不安系の内容が多くなるのです。

十四万回も見なくてはいけないのなら楽しい方が良いのに決まっていますし、全部が不安系の夢だったら病気になったりと健康を保つことさえ困難です。

そこで脳夢を楽しく不安や恐怖系の少ない夢内容にすることが望まれます。

その為には脳を柔らかくして性能をアップすることが必要となります。ちょうど高性能のパソコンと同じで情報処理能力が大幅に向上するのです。

色彩が鮮明になっていき、夢空間は広がるのです。これだけでも脳夢はすばらしい世界を作り出せるのです。

処理能力がもっと大きくなりますと登場する人が多くなったり、物語性が夢に加わります。

夢の中で建物を一つずつ増やして一つの街を作って楽しんだり、長編小説のようなストーリーを展開させる方もいます。

その方法は簡単で「夢に興味を持つ」ということだけです。

「なんだ、それだけ？　馬鹿みたい！」

「でも、それが本当に大切なんですよ」

夢に関心を持てない方にとって「夢に興味を持つ」という回答などナンセンスでしょう。

日常生活で夢世界を改善する方法としては「脳の活性化」が大切です。

ボケ防止、痴呆症回避方法などは本や病院などでいくらでも情報を入手できますので活用してみてください。

ＳＳ研究会的には、

「脳のリセット」となります。

「脳のリセット！？　なんですかそれって？」

「産まれた時の柔らかくてきれいな脳に戻すことです」

脳の活性化には「赤ちゃん時代の脳」にリセットするのが一番。

ＳＳ研究会ではその最も効果の高い方法を発見しています。

しかし、これも努力が必要で「夢に興味を持つ」と同じくらい強固な意志が必要となるのです。

また、年齢という壁もあり、どのような強固な意志でも赤ちゃん時代の脳へのリセットが不可能な方や、安全面での医学的な検証もまったくできていません。

荒療法の一種ですので危険性が伴うことも予想されます。

特に脳血管疾患の予兆を感じる方には凶か吉かの判断がつきませんが、安全確保のため避けたほうがよいでしょう。

個人的には「脳血栓などは流されるかも?」と思ったりもしますが医学的根拠や裏付けなどまったくありませんので「挑戦は危険だ」とご理解ください。

五〇歳以上の方は「赤ちゃん脳」へのリセット成功率はほとんどなく遊び程度で止めていただいた方がよいと思います。

七．脳のリセット方法

この目的は脳の全神経・シナプス情報伝達回路を繋ぎ直しクリーニングすることにあります。
方法は「漢字イメージ遊び」

二人で遊ぶゲームで、なんでもいいのですが課題を決めます。

「かん」「しょう」「い」「き」など、どのような漢字でも結構です。

たとえば「かん」と決めますと「かん」という漢字を交互に書いていきます。

感、間、官、館、完、勘……。

雑誌をイメージし「刊」を思い出したり、戦艦をイメージし「艦」が思いついたり、それを繰り返して交互に書いていく漢字連想ゲームです。

このゲームでは右脳と左脳が同時に使われているのですが、出てくる漢字がやがて無くなってきます。

ここからが頑張りどころ、あらゆるものをイメージし、過去の記憶など総動員で考えてください。

頭がジンジンするほど考えますと、やがて脳に微熱を感じてきます。

ご夫婦、友達、恋人同士で真剣勝負的な心構えで戦ってください。

絶対に負けまい！　と思い出すことを続けますと、やがて脳は発熱、本当に熱くなってきます。

感覚的な脳温度は摂氏五〇度くらいでしょうか。

この脳の発熱に負けずに、さらにイメージ、発想、思い出しを続けますと、

「ああっ、全部つながった」という特殊感覚。

脳が生まれ変わったような柔らかさを感じる瞬間がくるのです。

これで右脳と左脳を繋ぐ全神経伝達回路をリセットし「リニューアルできた！」と実感できますので、ゲームはここで終了します。

脳の熱量の正常化へは翌日まで必要ですが、頭の中はスッキリ爽快で完全なクリーニング感を心の底から感じることができるのです。

これでＳＳ的脳のリセットは完了！


「あなたって、本当にこんな馬鹿な事、やったの？」

「はい、本当に脳から煙が出ているような感じでしたよ」

「……、クレージーよ、あなたって人は！」

八．繰り返し見る夢

比較的短期間に集中して見る夢があります。

この夢はその時期の問題が解決すれば見なくなり、その消去は比較的容易です。

もちろんあなたの悩みが特定したものに集中しているからで、その心配事が解決したり過ぎ去れば消え去る夢となります。

繰り返し見る原因は愛や喜びとは無関係な不安感や恐怖感、逃避願望などあまり良くない感情や心理が原因となります。

この夢はあなたにも簡単にあなたの心を分析でき、原因は簡単に予想できます。

年代順に多い夢内容をご紹介しましょう。

1. 受験へ不安
2. 入学後の不安
3. 入社　新スタートへの不安
4. 確実な食事への不安
5. 暴力への不安
6. 住まいの不安
7. 不安定な収入への不安
8. 借金の不安
9. 別れへの不安
10. 病気への不安

11. 美貌への不安
12. 身体維持への不安
13. 老いへの不安
14. 死への不安
15. 死後の不安

特に基本的欲求とされる衣食住が不安定となったときなどに多く見られます。

この夢は実生活を改善するために努力したり、時期の通り過ぎるのを待つしかありません。

不安を不安として一元的に固定して考えますと、いつまでもその時期、時期の色々な「不安という心」が生まれてきて、この夢が付きまといます。

不安という思考はまだ到来しない未来を予想して生まれてくるのです。

まだ到来していない未来に心を奪われないことが大切なのですが、なかなか割り切れるものではありません。

釈迦は「苦」そのものが人生だから、それを当然として生きることを諭しています。

多くの賢人はまだ来ぬ未来に心取られて心配や不安がる行為そのものが愚かだと教えています。

精神世界では、未来や過去はなく「今」がすべてで、「今」のあるがままだけに心を止めるべきだとしています。

宗教では「不安」は心の持ち方で変化する煩悩だと説いています。たとえば受験への不安も、受験できる立場は幸せだと考えよ、と教えています。

世界には飢餓や戦乱に苦しむ人が多く、そんな心配のない安定した家庭で育ち進学校へ受験できる立場を幸せだと感じなさい、ということです。

極端に申しますと「観音様」「菩薩様」になれば、このような夢は見ません。

「左足が除去されてしまったが右足はまだ残ってる、幸せだ」

「借金で自己破産したが、健康な身体が残っている、幸せだ」

このように「今」を常に「幸せ」と感じる思考ですと、このような不安から生じる夢は一切見ません。どのような状態や環境でも「今」を幸せと感じるのですから、それは睡眠中でも同じ思考が働き、起きても「幸せ」寝ても「幸せ」。

人間が到達できる最高峰「菩薩様」

「そんなの理想すぎ！　不安なものは不安なの！！」

「そりゃ私も分かっています、私も四苦八苦しながら生きていますから！」

九. 入学資格テストの夢

「夢なんてくだらない、気にして何になるの！」

「夢って脳記憶の整理整頓が目的じゃない、別に深い意味なんてないよ」

夢に興味も関心も持てない人が多く、夢が話題として上ることも少なくなった今日この頃ですが、そんな人達でもこの夢だけは心の片隅にどうしても残ってしまうトラウマ的記憶。

それが「繰り返し見る恐怖の夢」です。

その代表的な夢は次の通りです。

1. 殺人鬼があなたを殺そうと追いかけてきて、そこから逃げ回る夢。
2. 海底や沼などにどこまでも引きずり込まれ溺れたり這い上がれない夢。
3. 深い深い谷底などに落ちていく夢。

すべての人が体験し記憶から消し去れない唯一の夢「繰り返し見る恐怖の夢」。それが神様から私達全員に配布された「入学資格テスト問題」となります（前述）。

考えてみればこれほど平等に配布されるテスト問題なんてありません。分け隔て無く、全員に受験できるチャンスが与えられているのです。

「ふーん、それに合格したら何かいいことあるの？」

「受験しなくっても罰則なんてないんでしょ？」

「この資格テストに合格すると『宝の夢』を見る資格を与えられるのですが、もっと良いことも約束されるんですよ」

「ええっ、じゃ受験しようかな……」

ＳＳ研究会ではこの夢を「登竜門の夢」だと考えています。

普通の「鯉」から神秘的パワーを持つ「龍」に変身するチャンス。

合格する方法は、

1. 逃げるのをやめて相手を見つめ立ち向かうこと
2. 引きずり込まれたり落ちていく先を見つめること

たったこの二つで、テストは無事合格となり「宝の夢」への観賞チケットを入手できるのです。

「私の夢は、ジェイソンみたいなやつがチェーンソーなんか持って追いかけてきて、怖くて逃げる夢だけど、あの仮面をはぎ取って顔を見るってことなの？」

「高いビルの上から地上に落ちていく夢はよくみますが、あの落ちていく途中で、落下地点の景色を見るってことですか？」

「まったくその通りです」

「……、それって難しそう……」

追いかけてくるゾンビや変質者、ギャングが恐ろしくて怖いから逃げ回るのです。それに立ち向かってさらに顔を見つめるという行動はとっても勇気が必要です。

この行為だけでも難しそうなのですが、もっと困難なのが落下中に落ちていく先を見るという勇気です。

逃げ回る夢は比較的時間的な余裕もありますが、落下する夢は一瞬の出来事。

スカイダイビングのベテランなら可能かも知れませんが、落下している最中にその落ち行く先を見つめるのは想像しても難しいことです。

この「勇者」のような行動が取れれば「普通の鯉」が「龍」になれそうだと予感できそうなほどの難問、正に「登竜門の夢」。

「それで合格したら、もう一つ良いことがあるって、それはなんなの？」

「死んでも地獄には行きません」

「……？？？？」

「その答えは『魂夢』の章でお話しますので、少々お待ちを！」

さて、この資格にチャレンジするには、その夢が登場しなければ挑戦もできません。

そこで「落ちる夢が見たい、見る！」「あの殺人鬼の夢が見たい、絶対見る！」と睡眠前に願うことです。

「願うこと」ただ「願うこと」

「ジェイソンの顔を絶対に見る！」

「奈落の底を見る！」

「願うのです」ただ「願う」

方法はただそれだけ。

殺人鬼の顔を見る挑戦は私の場合、第一弾で成功。

落下する夢では三度目に成功しました。

殺人鬼は見た瞬間友達の顔に変化し、奈落の暗い底ではそれを見つめた瞬間、牧場のような明るい平坦な場面になり落下はストップしました。

それからはフワフワと空中に浮かんで、のどかな牧場を見つめていました。

「繰り返し見る怖い夢」はその後一度も登場しません。この夢は一度クリアーすれば完全に消え去るのが特徴です。

夢の登場を願うときには「見たい」という期待系でなく、現在形か完了形「見る！」「見た！」の願い方が必須です。

神社などでの合格祈願「合格させて！」「合格したい！」では効果が期待できません。

言葉的にはすこし変な感じでも現在形か完了形を使ってみましょう。

「願い」のやり方としては、たとえば志願校に合格を祈願する場合「合格、合格、合格」と言葉で発しながら、同時に「合格（しました、ありがとうございます）」の（　）内を心で念じるのです。

強制的に現在形や過去完了形をプラスして願う方法です。

過去形の使用にはちょっと抵抗感がありましたら「彼女と結婚（ありがとう）」と、やはり「彼女と結婚」の後に心の中で（ありがとう）と念じればＯＫ。

現在形、過去完了形でお祈りしますと、愛しの彼女と結婚できますよ。

たぶん、メイビー、いえいえ、きっと！

十. 境界意識夢

レム睡眠とノンレム睡眠との切り替え点、折り返し点で見る夢です。

身体はほぼ起きています。

この夢の特徴は「無重力」です。簡単に無重力を体験するために上昇中の航空機を急降下させ、少しの時間無重力状態を作り出し、実験や訓練によく利用されています。

ちょうどこの航空機の軌道と同じで、境界意識夢は「無重力」が特徴となります。

夢の中で奈落の底に落下中、落ち行く先を見つめた瞬間、落下がストップし無重力を体験します。

夢の中で「これは夢だ」と気づいた状態で自覚する夢、これが「自覚夢」です。

境界夢と同じなのが瞑想、禅、共生感覚、夢遊病……。

もう一つ同じ意識状態があります。

ヒッピーが生み出したサイケデリック世界。

ＬＳＤなどの幻覚剤によって生じる幻覚や陶酔状態を想起、原色を駆使した美術やロック音楽が一九六〇年代に流行しました。

ヒッピー小説「カモメのジョナサン」では主人公が超能力を持ったりと、ＬＳＤ幻覚世界が面白く紹介されています。

この小説で私の好きな言葉をご紹介します。

「よいか、ジョナサン、お前が真に完全なるスピードに達しえた時には、お前はまさに天国に届こうとしておるのだ。そして完全なるスピードというものは、時速数千キロで飛ぶことでも、百万キロで飛ぶことでも、また光の速さで飛ぶことでもない。なぜかといえば、どんなに数字が大きくなってもそこには限りがあるからだ。だが、完全なるものは、限界を持たぬ。完全なるスピードとは、よいか、それはすなわち、即そこに在（あ）るということなのだ」

ドラッグの禁断症状も同じ境界意識夢です。

ドラッグの禁断症状に関しては更正施設ではなく警察の留置所がもっとも観察しやすい場所でしょう。麻薬で逮捕された人は約一ヶ月警察の留置所にいますので禁断症状が現れるのはその中ということになります。

ここで多いのが幻覚。

たとえば手足の毛穴という毛穴から虫が這い出してくる幻覚もその一つです。

「看守さん、助けてくれー、ウジ虫が……」

「見てくれ、俺の足、毛穴という毛穴から変な虫が湧き出てくる！　出してくれー！」

そんな幻覚に苦しみます。

看守にしてみれば「またか」程度ですが、当の本人には悲壮な現実。

洗面時にはタオルで必死に手足を擦り、ウジ虫を落とそうともがくのですが、皮膚が裂けようと血が吹き出ようと必死にゴシゴシ、決してその手を止めません。

何かに似ていますね。

そうです「催眠術」も同じ境界意識夢の一つなのです。

十一．驚異の催眠術

この催眠術ですが、とってもすごい魔力を持っています。

私はタバコが好きで、これだけは止められません。

催眠術に興味を持っていた頃、一度だけ体験したのですが、その時は本当に「タバコはまずい！」と感じ一週間ほど禁煙というかタバコなんて見たくもなかったという体験があります。今はまた喫煙家に戻っているのですが、なんとも不思議な体験でした。

第一次世界大戦の兵士に発生したシェルショックに退行催眠治療が有効だったとご紹介しましたが、本当にすごい潜在力を催眠術は持っているのです。

「あなたが催眠術を信じるとしたら、どのようなものでしょうか？」

これは当時二〇〇人ほどに聞き回った質問ですが、一番強烈な回答が二〇代の女性でした。

「うーん……、私としてはヘビやミミズが何万匹もうごめく井戸に落とされても平気だったりすれば信じるかもね、そんなの想像しただけで失神しそう……」

この意見は私も同じで、私だったら即気絶するシチュエーションです。

ところが、あるテレビ番組で実際にこれと同じような催眠術番組をやったのです。

実験を考えたテレビ局のスタッフもスタッフですが、許可した局も局です。

ヘビを二〇〇〇匹泳がしたプールに、ある女性タレントに「普通のプールです」と暗示をかけて泳いでもらう、という番組企画です。

なんと！　この女性タレントはヘビのうず巻くプールで楽しく泳いでいました。

事前に彼女はヘビが大嫌いというリサーチがあって起用した、悪趣味の企画だったのです。

プールの手すりで彼女の催眠術をときましたが、一〇秒ほど気づかないのか、平気そうに水の中にいます。そこでスタッフがわざわざプールに注意を向かせ、無数のヘビがうごめいているプールだったと彼女に気づかせます。

「グワワワワワッッ！！」

死にそうな悲鳴を上げながら彼女は必死でプールサイドから上がろうともがきます。

あまりに焦りすぎ、なかなか這い上がれません。

もう顔はグチャグチャ、可愛い顔はゆがみ引きつっているのを催眠術師やスタッフが笑いながら見ている、という娯楽的には楽しくもおぞましい番組内容だったのです。


催眠術は精神的な病気を治療したり娯楽番組で楽しめたりと、バラエティに富んだ世界ですが、禅や瞑想も同じ境界意識ではあります。

禅、瞑想世界は修学旅行や社内研修で体験するチャンスも多く身近な感じがします。言葉としては身近で親しみやすいのですが、修行としては奥が深く多くの書物が発行されていますので研究されるのもお薦めします。

境界夢と同じ無重力なのが宇宙飛行や宇宙遊泳です。宇宙遊泳中や月面上での神秘体験を報告する宇宙飛行士も多く、この境界夢を生み出す境界意識は禅、瞑想と同じく、神様学校への「登竜門」の一つと言えるでしょう。

十二、自覚夢（明晰夢）の体験方法

自覚夢。ずばり文字そのままの夢。夢の中で夢見ていることを意識している夢、つまり自覚できている夢です。

この夢世界への入り口、夢の体験方法ですが、それには最初にぁなたの夢の傾向を把握する必要があります。

場面時間が比較的長く、同じ動作や行動が続くような夢を思い出してください。

私のお薦めは「運動系の夢」

「連続する運動系の夢」を思い出すことが一番自覚夢を体験できる近道だと思っています。

私の場合、両手を鳥のようにバタバタさせ飛ぶような夢、もう一つは校庭とかをマラソンのように走り回る夢がそれでした。

めまぐるしく変化する脳夢でもこれらの夢は時間的に長く続きました。

あとは「走る夢を見る！！！」「飛ぶ夢を見る！！」と強く願うことしか手段はありません。

強く願いますと、すぐにその夢は現れました。

奈落の底や谷底に落下する夢、追いかけてくる殺人鬼から逃げ回る夢でも、私の場合では毎晩就寝時に強く願ってから一週間以内で見ることができました。

鳥のようにバタバタ両手を羽ばたかせ空に浮かぶ夢や走り回る夢では、いつもは疲れて思うように飛んだり走り続けることができません。

ところが「これは夢だ、疲れることはない」と気づいた瞬間、疲れを知らない超能力者、まるでスーパーマンのように走ることができたのです。

両手をバタバタさせて空を飛行する夢ではより高く飛びたいのですが、なかなか難しいものでした。

仕方なく高い建物を見つけては一旦そこに飛行（移動のような感じです）して、またそこより高い建物を見つけては、そこまで飛行移動して徐々に高度を上げていくという、まるでスパイダーマンのようなジャンプ飛行しかできません。

そのような飛行では満足できず、つぎに私が願ったのはもっと高空での自由な飛行です。その夢は次のチャンスで簡単に実現しました。

夢の中でブランコに乗っている時に「これは夢だ」と気づきました。

そこでブランコのスイングが上昇した時、空中に飛び出しました。

ここで強烈な浮遊感とともに高度二〇〇〇フィート（約六〇〇メートル）くらいまで上昇できたので、その高度を維持しながら飛行を楽しむことができたのです。

あの時の浮揚はマイナスG感覚、正しく重力に勝った瞬間でした。

「どうして、そんなに重力のことばかり言うの？」

「それはSS理論のコアといえるほど重要な要素や力なんですよ」

SS研究会では重力がすべての判断や分析への基本要素で、最重要な力です。このブランコから感じた浮揚感、マイナスGの感覚を持ったことは驚異体験なのです。なぜ驚異ともいえる体験だったかは、この本を読み進めるにつれご理解いただけるでしょう。

重力、無重力、反重力（マイナスG）この三つの重力は夢、宇宙をも理解する根幹、これがもっとも重要なSS視点となります。

私が次に挑戦したのが自覚夢での画素能力の向上です。つまりもっともっと繊細でカラフルな自覚夢が見たかったのです。

デジタルカメラの画素能力は少し前には一千万画素程度でしたが、最近では二千万画素という性能がポピュラーとなっています。

肉眼で視認不可能な対象物の分析などに用いられるカメラでは二億画素、宇宙観察や記録には一○億画素というスーパーカメラを使用する現代です。

ところが私の夢での画素数は一九八五年代のパソコンレベルしかありません。

そこでターゲットをニューヨークの夜景、そんな複雑な夢に挑戦しました。

よく見る摩天楼の写真のように、素晴らしく繊細でキラビヤカなニューヨーク夜景を夢でも体験したいと願ったのです。ところが、これは見事に失敗。

一瞬だけ写真のように綺麗な夜景が見えたのですが「おっ、いい景色！」と感じて見つめ直した瞬間、まるで田舎街のように、灯りが点在するだけの夜景に変化してしまい、ガッカリしました。

画素処理能力は私の場合、せいぜい一〇万画素程度だったのでしょう。

その後、前述しました「脳のリセット」などから私の夢画像は生まれ変わったように繊細な世界、綺麗な夢世界となっていきました。

十三. 自覚夢の特徴

自覚夢はあなたの意識でコントロールできる夢。そうです、「あなたの心」が強く反映します。

貴方の意志、そこに自覚夢の特徴と魅力がドッキングします。

つまり貴方が「夢の支配者」となるのです。

では、その特徴や魅力をご紹介しましょう。

1. 触覚の性能アップ

2. 性感度のアップ
3. 色彩感覚のアップ
4. リアリティ感のアップ

自覚夢はLSD、シャーマン、ヒッピー、幻想、超意識、支配者、インスピレーション、共生感覚、イマジネーション……、これらの具材が全部入ったスープの味。

あなたは絶対権力者の王。

しかも精力絶倫、セックスでのオーガスムス感は通常の三倍！

触れた異性の肌の超感触、やわらかさ、幸福感から容易に達する超絶頂快感。

これぞ桃源郷、究極なるハーレム、ハーレム！

「俺はもうこの世界から離れたくない！」

「仕事なんか忘れて、この夢に没頭していたい！」

竜宮城を離れる時、乙姫から「玉手箱」を受け取った浦島太郎。

やがて「玉手箱」を開き夢から覚めるのです。

「LSDが欲しい、もっとくれー！」

廃人になりかけても意識はドラッグを求めています。

「ちょっとまって、自覚夢ってやばいんじゃない？」

「それはあなたの心次第ですよ」

優れた芸術、文学作品、音楽など、このスープから生まれたことも事実なのですが、反面、禅では「禅病」、瞑想では「魔界」などと言われる「危険な世界」、まるで天秤のように「桃源郷」と「魔界」が釣り合い、あなたの意識次第で右にも左にも傾くやじろべえ。

「陰陽」「天国と地獄」への入り口がここに存在するのです。

「どちらに傾けるかはあなたの自由ですよ」

「うーん、私だったら芸術の方に天秤を傾けるわ、きっと！」

「はい、そう信じています、ではこの魔界にお入りください」

「あれっ、素敵なＢＧＭですね」

「はい、これはイーグルス、ホテル・カルフォルニアですよ」


♪　おいおい、この素敵なホテルから出たいって？

こんなに楽しく過ごせるホテルなんかどこにも無いぜ。

そりゃ出るのは自由、でも、きっとお前は出られないさ……　♪

十四．魂の夢

魂夢、それは宝への入り口となり、その種類は三つです。

1. あなたの魂が見る夢
2. 他の魂があなたの魂に見させる夢
3. 時空を超える夢

魂夢の特徴としては次の通りです。

1. 脳夢のようにパッパッと変化する場面はなく、日常と同じ時間の流れ。
2. 自覚夢と同じリアリティ感、触感、温感、性感とより強い幸福感。
3. 無重力、反重力。
4. 嗅覚、味覚、食感、痛感を伴う。
5. 「時空を超える夢」では登場人物の顔が分からなくなる。

(1) あなたの魂が見る夢の詳細

退行催眠治療によるPTSD治療はご紹介しましたが、魂が強いストレスを受けますと屈強な兵士さえ簡単に廃人に変えてしまいます。

強いショックを受けた戦場や状況へと催眠術師や精神科医が催眠術により誘導し、その場面に到達しますと被験者は当時と同じ環境にいるように、恐怖におののき痙攣などの身体の反応まで再現します。

「もう安全なところにいますよ」

「もう怖がらなくていいんですよ」

と優しく諭し患者を恐怖から解き放そうとする治療法ですが、一度の退行催眠で完治する人もいます。

多くの場合、被験者に事前に聞いておいたリラックスする場(家庭、公園等)へ導き、楽になったらまた辛い過去に誘導、それを繰り返して徐々にPTSDを消滅させるための根気強い治療が必要となります。

魂の特徴はリアリティ。

友軍や敵兵の死、砲弾の落下、炸裂音など何重もの恐怖が、当時そのままリアルに襲ってくるので患者（兵士）にとっては地獄です。

魂は身体のコントロール機能を簡単に支配し、戦闘不可能な身体を作り出します。歩けない、痙攣する、手も動かず、ただ怯えるだけ。

魂が一旦記憶しますと、その記憶には、脳や医師、薬などで影響を与えることはできません。水を網で掬《すく》ってるようなものです。

何度やっても掬えない水。

魂に記憶させるには魂を目覚めさせ、直接魂に訴えるしかないのです。

二〇〇〇匹の蛇がうごめくプールでの女性タレントのように、魂がただのプールと判断すれば、身体の眼や脳、五感を総動員しても、腕、足、手に当たっている蛇の存在さえ感知できないのです。

私達の身体、脳、薬などの物質はなんら魂に影響を与えることはできませんが、反対に魂は自由に身体をコントロールしたり影響を与えられるのです。

夢遊病やシェルショック状態、催眠術が典型例ですが、眼には見えない身体への支配は視神経細胞、免疫細胞にまで及んでいます。

そこで魂の記憶した夢は目覚めても忘れることはありません。これも魂夢の特徴となります。

物質は幻や煙のようなもので実体はありません。

私達の本質は「魂」と魂に付随した「意識」です。

その本質である私達の「魂」は不偏のエネルギー、輪廻転生しながら何度も実体のない身体をまといます。

その、何百回と繰り返す転生での記憶から、前世を夢として見ることもあります。

どのような夢でも超リアルであり、目覚めても忘れることはありません。

「背中を刀で斬られる夢を見ました。あっ背中が熱い！　という感覚でした……」

「私は必死に隠れていたのですが見つかってしまい銃口が向けられた瞬間、不愉快でクラクラするめまい感と共に周りが暗くなっていく夢でした」

このように、前世の夢は死の瞬間の記憶が多いようです。

背中を切られた人の場合、武士の服装であること、倒れたとき頬にあたった砂の感触、倒れている自分を見物している人の気配なども記憶しているのです。

もちろん死の瞬間だけでなく、前世での色々な場面も登場しますが、忘れ得ない夢、それが魂夢の特徴となります。

「恋は不思議ね　消えたはずの灰の中からなぜに燃える……」

「初恋は甘酸っぱいカルピスの味」

突然訪れる恋の芽ばえ。

自分の意志でコントロールできない不思議な魔力「恋の芽ばえ」も「魂」からのプレゼントです。

魂に影響を与えるには魂を目覚めさせ、ただ「願う」。

素敵な異性に出会った時、思考は停止、脳波はアルファ波へ。

魂は目覚めてきます。その時、何故か私達は「お金持ちになりたい」「入学試験に合格させてください」というような未来願望形は使いません。

素敵な出会いの瞬間、不思議と「現在形」「過去完了形」を使い私達は願っているのです。

「なんだかピッタリ！」「とてもいい」「カッコいい」「素敵！」と現在形のオンパレード。

「彼がいい」「彼女は最高」「運命の出会いだ」「好き」「ロマンティック」「奇跡！」

現在形での願いは魂への命令となり、それが「恋の芽生える瞬間」を生み出します。

やがて恋に落ち、恋愛関係に。

そんな恋愛や結婚も、やがて「彼って変」とか「彼女って良くない」と新たな現在形の命令が発せられ、三組に一組という離婚劇や恋の破局を生産し続けることになります。

「素敵な恋がしたい」

「理想の彼と結婚したい」

このような未来形の願いでは、永遠にあなたの願いが叶うことはありません。

流れ星、神社、夕日などにお願いするときは注意してくださいね。

「恋に落ちる瞬間って、魂の見た夢ってこと？」

「そう、魂の夢、だって魂の本質が『愛』なんですから」

「恋の芽ばえと、恋愛や結婚の恋とは別なの？」

「その通りです、芽ばえは魂、恋愛からは『脳に支配された愛』と交代するのですよ」

「じゃ、脳の愛って何なの？」

「それは不安です」

「？？？？」

(2) 他の魂があなたの魂に見させる夢の詳細

魂は脳や物質からは影響を受けませんが、「他の魂」からは強く影響を受けます。

魂と一言で申しましてもバイブレーションが繊細なものから粗いものまであり、より高波動の魂は、粒子としてはよりミクロ、粗い波動と比較しますとエネルギーは強くなっていきます。

微細で高い波動を持った魂は粗い魂に影響力を持っていますが、粗い魂は高い波動の魂に対しては影響を与えられません。

イメージとしては虫取り網で空気や水を捕まえられないようなものです。

仮に、より微細で高振動、高波動な魂を「上位魂」と名づけますと、上位魂は低い魂に力を持つ、しかし低位魂からは上級魂には力は一切働かない、となります。

この力関係から色々な魂夢の種類が生まれてきます。

ちょうど上位の魂が催眠術師になって、あなたに「暗示」をかけている状態。

魂夢は「超リアリティ」「超五感」が伴う夢が特徴です。

その種類は大きく分類しますと四種類となります。

1. 癒の夢
2. 反省への夢
3. 警鐘の夢
4. 教えの夢

1. 癒の夢の詳細

あなたより少し上位の魂があなたに体験させる夢です。

疲れているあなたを癒す目的の夢で、暖かさ、柔らかさ、幸福感が特徴です。どこまでも優雅で暖かく柔らかな世界。あなたが一番癒されると感じる人達や動物などに囲まれた至福の時間を味わう夢となります。

このことを体験しますと、夢に強く興味を持つことでしょう。

脳夢とはまったく相違した感覚ですのですぐに理解できますし、この体験はあなたを幸せにします。「天国って、あんな感じかな？」と思われる方もいるでしょう。

この夢は目覚めても強い印象が残り決して忘れることはありません。

また、ヒーリング効果の最も強い夢です。

目覚めても「あのような夢が見られて本当に良かった」と、いつまでも感謝するほどの感動、しかも爽やかな心身になったと感じられる、とても不思議な夢体験となります。

この夢も「登竜門」の一つです。

あなたを見守る上位の魂「ソウルメイト」からのメッセージなので、この夢体験により上位の魂や神様への感謝を忘れずに生きることが大切です。また、感謝の心を持ち続けますとシンクロニシティの発生や体験が訪れ、次には現実生活でソウルメイトとの出会いが待っており、やがて人生の役割、目的に気づくという道程に入っていくことができるのです。

この夢体験はあくまで夢世界での出来事ですが、ソウルメイトに出会いますと夢で体験した強いヒーリング感覚を現実世界でも実体験できます。

現実生活で癒される、という天国体験、それはソウルメイトとの出会いから始まるのです。ところが、この夢体験だけで終わってしまいますと天国生活への「登竜門」をくぐることはできません。この、苦しいだけ（と思っているあなた）の現実世界に暮らしているあなたが「至福の使者」と現実社会で出会えるのです。そんな至福の現実まであと一歩の処にいます。正に「登竜門」、その選択権はあなた自身が握っているのです。

しかし、かりに登竜門をくぐらなくても、この夢を経験した方は死後「地獄」に向かうことはないとSS研究会では分析しています。死後「天国」で幸せにソウルメイト達と過ごし再度転生を迎える人だと思われます。

2. 反省への夢の詳細

あまりに魂の本質から離れた行動や生活を続けますと、上位の魂からあなたに反省を促す目的を持った夢を見ることがあります。

代表的な夢が「地獄」。

日本人には日本人が理解している地獄世界となり、西洋人にはその文化基盤や宗教により作り出された地獄模様となります。

身体という束縛もなく一〇〇パーセントピュアな魂が受信する夢で超リアル！！

痛感、熱感も超リアル、灼熱地獄や切り刻まれる苦痛は想像を絶するほど強烈です。

繰り返しますが、あなたや私は「魂」が本質で、身体の有無はまったく関係しません。

身体のない死後でも、魂は不変です。

魂世界には不思議なルールがあり、逃げれば逃げるほど相手をより強力にします。

恐怖心が新しい恐怖を生み出し、それがスパイラル的に増大していくのです。ところが勇気を持って立ち向かえば、陽炎《かげろう》や幻のように消滅する特徴があります。

「繰り返し見る恐怖の夢」とまったく同じです。

少し違うのは、一〇〇パーセントピュアな魂で見る地獄模様なので、そのリアリティさは脳夢での「繰り返し見る恐怖の夢」の比ではありません。

しかし予行演習がしっかりできていますと、その恐怖世界、追いかける地獄の使者に立ち向かい見つめる勇気を持ち行動を取ることができます。

その地獄世界が「幻である」と見破ることができるのです。見破った瞬間、幻想でしかない地獄世界は消え去ります。ところが生きているときに夢に興味も関心もなく生活していますと、永遠にその地獄世界から抜け出すことはできません。

「繰り返し見る恐怖の夢」を克服した経験がここで生きてきます。

ここでは地獄だけを紹介しましたが、その他としまして「悪霊」に取り憑かれたような夢もこの部類に入ります。

「地獄って本当に在ったのですか？」

「はい、地獄は存在しますよ。でも幻ですので気にしない気にしない！」

「でも、超リアルなんでしょ、苦痛も灼熱も……」

「大丈夫です、この本をしっかり読めばきっと克服できますよ！」

3. 警鐘の夢（宝夢）の詳細

この夢も上位魂があなたに危険を知らせ回避させようとする目的を持った夢です。

多分に予知的な感じがする夢で予知夢と混同されやすい夢といえます。

予知夢との相違は「登場人物の顔が分かる」という相違点があり、時空を超える予知夢では「登場人物の顔は不明」となります。また夢で見た惨劇を変更しようとする行動意識も芽ばえてきますが、もちろんそれは上位の魂からのメッセージによる行動です。

この夢も超リアルで目覚めても忘れることはありません。

では、そんな事例をご紹介しましょう。

身近な小学六年生のA子さんの例です。

かねてから楽しみにしていた修学旅行。目的地は日光でした。カバンも服もすべて新品を調え、前の晩はいつになく早い時間に床に就いたのです。

ところが、朝早く起きた彼女は真っ青になって、

「先生に電話して。修学旅行には行けない」


と言い張るのです。お母さんは興奮しているのだろうと思い、落ち着かせようとなだめにかかりましたが、彼女は真剣な表情で「私だけじゃない。皆、やめたほうがいい。それが無理なら、私が行かなければいいの。私は絶対に行けない。行くと大変なことになる！」というのです。

お母さんは仕方なく担任の先生に電話して事情を説明。

普通なら「体調を崩してしまったので欠席します」などと適当な説明するところでしょうが、お母さんは彼女の真剣さに打たれ、言っている通り先生に電話をしたのです。

「先生が一緒だから大丈夫よ。皆、一緒に行くの楽しみにしてるの。行きましょう。誰かに何か言われたの？　誰か意地悪する人がいるの？」先生もなだめようとしました。

「いいえ。そうじゃないの。土砂崩れが起きて、皆寝てるんだけど、そのまま流されていく。ドロドロになっちゃう。たいへんなの。それは止められないの。だから皆、行かない方がいい。でも修学旅行が中止できないんなら私が行かなければ、皆は助かるの。中止できないでしょ。だから私は行けない」と真剣に言うのです。

あまりにはっきりした内容でお母さんも先生もびっくりしてしまいました。

彼女は結局、修学旅行には不参加。皆は日光へ出かけました。

出発の日を含めて、天気予報は旅行中はずっと曇りか晴れ、日光地方に大雨が降るなどという予報は出ていませんでした。ところが三泊四日の旅行の二泊目。突然の豪雨が日光地方を襲ったのです。

朝から旅館に足止めされたのですが、それでも、ゲームをしたり家族にお土産を買ったりして楽しく過ごしていました。

出発の朝、来ないことになったA子さんにもクラスメイトでお土産も買いました。そのとき担任の先生の耳に突然A子さんの「泊まる旅館の裏に山があるでしょう？」という言葉がはっきりと聞こえてきたのです。

正面玄関から入ったときは見えなかったのですが、曲がりくねった廊下をいくつも渡ったところにある、つまり皆が泊まっていた別館には裏山がありました。

何気なく窓の外を見た先生の目に、すぐそばまできている山の斜面が見えました。別館は裏山を削って建てられていたのです。

「大雨が降ってきて土砂崩れが起きて、皆寝てるんだけど、そのまま流されていく。ドロドロになっちゃう。たいへんなの。それだけは止められないの」

先生の耳の中にガンガンとA子さんの声が響きます。

「だから皆行かない方がいい。でも修学旅行が中止できないんなら私が行かなければ、皆は助かるの。中止できないでしょ？　だから私は行けない」

雨はますます激しくなっていました。旅館の人に聞くと本館の大広間を二つ使えば全員寝られるということです。万が一ということもあるのでと、他の先生や渋る旅館を説得して夕飯の後で全員本館に移りました。

「はーい、皆、そろっていますかぁ」

と点呼をかけたときです。ドドドドッという地響き。バキバキバキッといやな音が大広間を包みました。電灯もチラチラと点滅し、何か大きな物がガタガタと音を立てて壊れていくようでした。

朝になって皆が見たのはぞっとする光景でした。昨夜全員が寝るはずだった別館は、そのほとんどが土砂に押しつぶされ、半分くらいは流されてしまっていたのです。「あの子の夢の話を聞いていなければ、避難なんか絶対にしなかったです」と担任の先生は話します。


このA子さんは身近な話なのですが、もっとポピュラーな事例もご紹介しましょう。

一八九七年、モーガン・ロバートソンという売れない小説家が書いた小説があります。

ある年の四月、全長二四四メートル、排出量七五〇〇〇トンの超豪華客船「タイタン号」が乗客乗員三〇〇〇名を乗せた処女航海の途上、大西洋上で氷山に衝突。霧の中で氷山を発見したが、時速二五ノットの速度でかわし切れず、右舷を氷山に削られて沈没するという小説でした。

「なんだ、タイタニック号の話じゃない」

いえいえ。この小説が発表されたのは一八九七年だったのです。タイタニック号の悲劇が起きたのはこの小説発表の一四年後、一九一二年四月だったのです。

また、この事故に関連した話ですが、マイケルという少年はタイタニック号が沈む夢をみました。彼の父親がその翌日、その船でニューヨークに行く予定でした。

「ママ、お願い。パパをあの船に乗せないで!!」というのです。

母親は息子の予知的能力をいくども体験していましたので、母親はマイケルと二人で夫を必死に説得しニューヨーク行きをキャンセルしてもらったのです。

マイケル君の父親としてはビジネスチャンスと投下資金を失う苦渋の決断だったのですが、あの悲劇のメンバーからはずれることができたというエピソードです。

４．教えの夢（宝夢）の詳細

この夢は輪廻転生と関係する宝の夢です。

魂は再度身体をまとう前に、その新しい身体でやり遂げたい目的や役割を決めます。それぞれ新しい目標や目的、役目を決意し、その達成を目指して再度生まれ出るのですが、この目標設定は比較的輪廻転生を多く体験した魂に与えられる課題です。

魂の計画した人生を完遂するために上位の魂がサポートし、その研究、発見、発明、創作に協力するための夢で「教えの夢」となります。

輪廻転生を卒業する目的で生まれ出た釈迦などは究極の決意ですが、イエス、ムハンメド、孔子、老子なども超上位の魂だったといえます。

釈迦、孔子、老子は二五〇〇年後、イエスは二〇〇〇年後、ムハンメドは一五〇〇年後の現在でも人々に偉大な影響力を行使、その目的や役割を見事に達成しています。

このような特別な魂は別にしても芸術や研究に没頭するために上位魂からのサポートを受けた夢は多いものです。

次に有名な夢を列記します。

1. ベンゼンの分子構造を発見したアウグスト・ケクレの夢
2. ミシンの針穴を発明したエライアス・ハウの夢
3. 弾の簡略製造法を発明したジェームス・ワットの夢
4. 中間子理論を完成した湯川秀樹の夢
5. マルク・シャガールの夢を描いた絵画
6. スティーブンソンの夢による作曲
7. 悪魔のトリルを作曲したタルティーニの夢
8. 元素の周期律表を作成したメンデレーエフの夢
9. スフィンクスを発見したファラオ、トトメス四世の夢
10. イエスタディを作曲したポール・マッカートニーの夢
11. 遺伝子構造を発見したワトソンの夢
12. 夢の詩を書き留めたプーシキン

これらは一例ですが、芸術、彫刻、工芸、作曲、発明、発見などは、記録や自叙伝、伝記などで

伝わりやすいのですが、表に出ない大多数の夢サポートが潜在しているでしょうし、突然ひらめくアイディアとか解決策などは各分野で無数にあったことでしょう。

また夢の中での講義、レクチャーによるサポートといったスタイルも多いと思われます。

上位魂からのサポートが開始されますと、夢での教え以外にシンクロニシティが頻繁に発生するようになります。

発明、発見、創作活動に必要な資金、設備、環境、情報、体験、知識など多岐に渡るサポートも伴います。

当然、人的なサポートも開始され、ソウルメイト達がその役目を担うこととなります。

「ええっ、お金までサポートしてくれるのですか？」

「資金も必要なら、当然です」

「すっごい！　私もサポートしてもらいたい！！」

お金や資金のサポートといいますが設備も環境もサポートしてくれるのです。

それが一〇億円の研究設備であろうと、その成就目的に応じたものとなります。

必要な資金が一〇〇万円なら一〇〇万円、一億円なら一億円なのですが、そのかわり余分なお金は一円もサポートしてくれません。

つまり「必要な分だけ」がキッチリ偶然的に用意されます。

そのお金でドレスを買ったり宝石を手に入れるなどはできませんので誤解ないようにね！

ここで一つの疑問が新たに生じてきます。

魂が新しい身体を持って生まれ変わるときに計画した目的、目標、役割を達成することが、どうしてこれほど上位魂から驚嘆ともいえるほど多大、かつ強力なサポートを受けるのでしょう。何かとても重要なことなのでしょうか。

思い起こしますと私自身、長期間、あらゆるサポートを受けてきました。

本書は「夢研究者と神」というテーマですが、私のこの人生での役目や役割がこの本を執筆することだったのでしょうか？　そう思えるほど多岐に渡るサポートを受けてきました。それを列記してみます。

1. 夢の全種類の体験
2. 時空を超える全種類の体験
3. 研究会維持とその資金
4. 必要な情報
5. 二大講習（夢での個人授業）

6．ソウルメイト
7．神の姿（啓示）
8．宇宙の姿（啓示）
9．睡眠と健康の関係
10．死後の姿
11．その他体験等

数十年にわたりこれらのサポートが続いており、どうやらこの本を執筆することが私の役割だろうと、最近気づきました。

私の授かった知識や体験のすべてがこの一冊に込められるのでしょう。

〝11．その他の体験〟でさえ、それはそれは数限りないのです。

一例では、ある目的地に向かう時、そのインターで降りなくてはならないのに、なぜか通り過ぎ次のインターで降りることになるのですが、そんな初めて訪問した街で四〇年前に見ていた夢の場面に遭遇します。

このような「何故か分からないけど」その場所に行くという体験だけでも七度もあります。それが私にはすべて重要な確認や体験をする発端になっているのです。

そのような特徴ある体験を数回もしてみますと、神様みたいな方からの「誘導シグナル」だと分かるようになります。そんなときは「さて、次はなんでしょう」という気持ちで受け入れて来ました。

必要資金の発生の仕方に興味を持たれる方もいらっしゃるでしょう。

私の場合、そのお金は偶然的な仕事依頼という形でした。

必要な時、その必要な時点で偶発的依頼や収入が発生するのです。その金額が、その時必要なお金とほぼ同じという体験が八度ありました。

金額的には私の場合、研究設備資金というような大金など必要はなく、せいぜい一〇〇万円とか六〇万円程度ですが、小遣い五万円の私にはただただ感謝するしかありません。

必要な体験や情報も適切かつ絶妙なタイミングで、なぜか必要な時、しかも不思議な経緯で入手できるのです。

最近気づいたのですが、「夢の全世界の紹介」が、そこまでのサポートを受けるほどの研究ではない、と思えるのです。

ここまでサポートを受けるのは「神の秘密」か「真実の宇宙」という内容に関わってるのではないか、と感じています。

ここからは、神様のような方から受けた個人講義内容、「神の秘密」「真実の宇宙」などに入っていく流れになりますが、この夢のレクチャーは、ＳＳ研究を始めた発端、源であり、スピリチュアルサイエンス（ＳＳ）理論が生まれたルーツとなります。

そこで、その説明は後半にし、ＳＳ研究会の研究対象「睡眠と健康」と「時空を超える夢」からご説明することになります。

十五．睡眠で得る健康・若さ維持

人生八〇年としますと睡眠に当てる時間は約二三万時間、この膨大な人生時間への有効活用に注目が集まっています。

特に美容や若さを保つ貴重な時間として美容健康関連企業や寝具会社、美容情報に鋭い女性を中心に関心や注目を集めています。

睡眠自体も神経物理、睡眠研究学者などにより、睡眠中の姿勢、脳電図にあらわれる睡眠者の脳波研究、顔面の筋肉収縮、急速眼球運動の追跡、脳幹、前脳基部ニューロンの電気的変化などの研究アプローチ、臨床的には被験者の夢報告による心理分析などです。

脳波測定に装置が用いられて睡眠中の脳波研究が始まったのは一九五〇年代で、それから六〇年以上たった現在でも人がなぜ眠るのかさえ分かっていないのです。

現代科学は、一〇〇万分の一ボルト、二〇〇万分の一ボルトという微細な電気変化から脳の働きを研究しているのですが、いくらがんばっても睡眠の解明はできないのです。

理解可能な睡眠範囲は、レム睡眠下による身体変化までが限度で、夢研究で言いますとゴミにすぎない脳夢が対象範囲となります。

睡眠中にはもう一つ大切なノンレム睡眠があるのですが、このノンレム睡眠こそが重要な睡眠なのです。

もちろんレム睡眠とノンレム睡眠との境界にある分岐点の睡眠もありますので、夢の三種状態と同じく睡眠も三種類の睡眠状態があるのです。

レム睡眠は眼球運動、心拍数、呼吸数の増加、血圧の上昇などが観測されています。

男性では勃起、女性ではクリトリスの硬直が見られるなど、身体的にやや緊張した状態の睡眠といえます。脳的には脳内のニューロンを活性化するために用いられる僅かな量のエネルギーが熱として放出するのが観測されています。

睡眠直後にドドーーンと意識は深く落ち込み、その後バンジージャンプの様に、上がったり下がったり、一睡眠で五回程度繰り返しています。

脳波としてはベーター波（三〇～一四Ｈｚ）からアルファ波（一三～九Ｈｚ）、シーター波（八

～四Ｈｚ）の範囲を上がったり下がったりの繰り返しです。

ＳＳ的には魂が主役となって、現れたり隠れたりを繰り返しているのです。

ちょうど電灯を明るくしたり暗くするための光度調整用のスライド式スイッチのように、上にスライドすればより脳波が強く魂は弱く、下にスライドさせれば脳波は弱く魂はより強くなり、目一杯下にスライドさせれば脳波はゼロとなり、身体機能は消え去り、一〇〇パーセントの魂が現れることとなります。

日常生活では仕事をしたり運転をしたりで脳波はベーター波、つまり魂はほとんど隠れています。車の運転中に魂が目覚めては事故を起こしますので脳波がしっかりベーター波の位置を守って身体機能、つまり身体の五感機能を働かせています。

魂からいいますと邪魔をされ、まるで監獄に閉じこめられているような状態とも言えるでしょう。

スライドスイッチを上にすればするほど脳波は強くなり、身体の機能もフル回転なのですが、別の見方で言いますと疲労が大きくなり、大局的に見ますと老化を速める状態です。

フルアクセルで高速道路を走っている車と同じで、消費燃料やエンジン負荷もマックス、総走行距離も急速に増加し、見方を変えれば廃車に向かって加速しているのと同じ状態なのです。

ベーター波二五Ｈｚ以上となりますと、二時間飛行できる戦闘機が加速するためにアフターバーナーを使用します。そうしますと三〇分飛行するのが精一杯ということになります。

エネルギーのフル消費状態と同じなのです。

それとは逆に、スイッチをスライドさせて下に持っていきますとエンジン機能が一番安定する最適燃費走行、生活でいえばスローライフ的な生き方となります。

目覚めても「疲れが残っている嫌な睡眠」「睡眠でより疲れてしまった」と感じたりする睡眠がある一方、リフレッシュ感を伴い心から満足する快眠を生み出す差がここから発生しています。

いつまでも若く美貌を保ちたい女性の皆様は、老化を睡眠で遅らせる方法に興味を持たれると思います。老化という言葉はよく聞かれるのですが最新科学（医学）は一体、老化をどのように捉えているのでしょう。

老化に関する総合的な研究で有名なアメリカのパームスプリング長寿医学研究所では老化を次のように捉えています。

老化の原因

1. 進行性組織障害（酸化によるフリーラジカルという活性酸素の生成）
2. 神経内分泌時計の機能（各種ホルモンの分泌量）の減退
3. ＤＮＡ修復能力の減退

つまり老化の原因はこれら三要素の総合であり、調整のプロセスでの機能障害、なかでもホルモン分泌の低下が老化の主原因だろうと、この研究所では分析しています。では低下するホルモンとは何かとなると

1．メラトニンホルモン（松果体より分泌されるホルモン、三〇歳台から分泌量低下）
2．ＤＨＥＡホルモン（副腎より分泌）
3．ＨＧＨ（ヒト成長ホルモン）
4．性ホルモン（テストロン、エストロゲン、プロゲステロン）
5．甲状腺ホルモン
6．胸線ホルモン
7．プレグネノロン

この七種類のホルモン分泌量の減少により、身体の機能が低下するとされています。では一体どのような身体機能が低下するのでしょうか。

1．免疫応答の減少（ヒトサイトカイン、ＩＬ２、Ｔ細胞、ＮＫ細胞などの生産能力の低下）

2. 神経学的な機能の低下（視覚機能、聴覚機能、反応時間、記憶力の低下）
3. 静止心拍出量の減少
4. 腎機能の段階的低下
5. 体脂肪率の増加
6. 筋肉の機能、質量の低下
7. 皮膚の変化

老化を防止するための研究は全世界の機関でおこなわれていますが、特に力を注いでいるのが、いかにホルモンの分泌量を減少させないかという課題です。

七種類のホルモン分泌量を減少させなければ、身体に生じる七種類の機能低下を阻止でき、老化の進行を防止できることが分かってきたのです。

また「老いぼれた細胞を若い状態にする薬」も研究されています。

細胞の中にテロメラーゼ遺伝子が生産する特殊酵素テロメラーゼが多いほど細胞が若い状態で、少ないほど細胞は老化しているとされています。

老人の細胞にテロメラーゼを導入する実験も行われ、テロメラーゼを注入された細胞では、遺伝子のテロメアという組織が伸長を始め、細胞を若い状態に戻してくれると観測されています。またテロメラーゼで復活した細胞は健全な細胞で、ガンの心配はまったくないというのです。そこでテロメラーゼ遺伝子に刺激を与えるものは何かという研究に移っていますが、今はまだその途中で解明はされていません。一部の研究者は、それはＨＧＨというヒト成長ホルモンではないかと推測しています。

ＤＮＡ研究では二重螺旋構造のＤＮＡ分子が糸がほぐれるようにゆるんだ状態になると、老化や死にいたると観測されています。テロメアはこの螺旋構造をきちんとつないでおく役割も持っています。そこでテロメア分子を活性化させ、しっかりとＤＮＡの二重螺旋構造を保ってもらおうというわけです。もっと飛躍した研究ではテロメラーゼ遺伝子に刺激を与え、テロメラーゼ酵素を生産させれば理論的には細胞は死なない、つまり不老不死になる、と考えられています。

精神神経免疫学からは各種ホルモンやテロメラーゼ分子を始めとして、人間を構成するすべての細胞は、分子、原子レベルでは私たちの「意識」と深く繋がっていると報告されています。もちろん量子力学という分野からも同じような報告がなされているのです。

昔から一部の医者たちにより患者の意識と病気との関係が研究されてきました。その多くの報告で、患者の意識作用と病気の治療には関連が見られるとされてきました。ところが精神神経免疫学や量子力学といった別の研究から、病気と心の関連が証明されつつあります。まさに「病は気から」

という格言は正しかったというわけです。

病気は美容、若さの維持には大敵ですし老化の加速を招くこととなります。病原体も免疫系抗体も私たちの意識、つまり私たちの命令で動いていると精神神経免疫学の報告でした。

つまり病気の大部分は、あなたや私の意識的な選択行為により作り出されていたのです。

私たちの身体は常に「病気を作る力」と「病気を消し去る力」の微妙なバランスの上に成り立ち、どちらの力を選択するかはあなたの一瞬一瞬の意識による選択で決定されているのです。

「あれれ、ここでも天秤台の選択となるのですか？」

「そうですよ」

「じゃ『私は健康だ、ありがとう』と現在形で祈ればいいのでしたよね？」

「あれは学校でいえば幼稚園みたいな方法なんですよ」

「幼稚園！　じゃもっと良い方法があるのでしょ？」

「病気になるかならないかは重大ですから、大学院の方法をお教えしましょう」

「その方法、教えて！」

「脳波がアルファ波以下の意識を確認してから祈るのです」

「どうやって確認するのですか？」

「秘密は色にあります」
「色！　色？？？？？」

睡眠は意識のバンジージャンプとご紹介しましたが、足に巻かれたゴムは一定の長さしか伸びることができません。脳波のＨｚを地表面までの残距離の数値とし残メートルと仮定してご説明しましょう。

ベータ波（三〇～一四Ｈｚ）地表まで残三〇～一四メートル
アルファ波（一三～九Ｈｚ）地表まで残一三～九メートル
シータ波（九～四Ｈｚ）地表まで残八～四メートル
デルタ波（三～一Ｈｚ）地表まで残三～一メートル

ここでバンジージャンプのゴムロープの長さですが最大一〇メートルしか伸びません。飛び込むジャンプ台の高さがベータ台の二〇メートルからだとしますと、最大に落下しても最下点はアルファ波止まりとなります。

ここでは、地表から一メートル以下まで落下することが目標のジャンプです。
つまり魂が九五パーセント以上目覚めたデルタ波に到達することが理想なのです。

ジャンプ台の高さが十一メートルのアルファ台からジャンプできますと地表一メートルで落下がストップする最下点となり、私がお勧めするバンジージャンプとなります。

入眠時のジャンプ台の高さをできる限り低くすればいいのです。つまり脳波をアルファ波という高さからジャンプするように入眠できれば、熟睡、目覚め時にリフレッシュ感溢れる快眠が得られるだけでなく、宝の夢である魂夢の世界まで落下、到達できるのです。

しかも脳波がアルファ波以下になったことを確認後「願い事」も同時にできます。

これぞ一挙両得でなくて一挙三得方法です！

「私は健康だ！」

「私は若い！」

「ガン細胞は死んだ！」

現在形で祈る方法を忘れないでくださいね、あなたはもうできますよね？

さて、脳波がアルファ波以下を確認する方法ですが、やはり「祈り」の方法としては大学院のレベルとなり、幼稚園のやり方のように簡単ではありませんが、がんばってチャレンジしてください。

十六、アルファ波の確認方法

困ったときの神頼み。

「お母さんの病気が回復しますように……」

「志望校に合格できますように……」


このような未来形や願望形では祈りや願い事の効果はないと説明してきました。

イエスキリストの話し方はその良いお手本です。

もちろん映画や本で見聞きした話し方は、翻訳者、脚本家などの手によるものでしょうが、何故かどのような作品でも、その話し方は似ています。

「我は真実をここに言う、我は神の子なり」

友人の披露宴で水を葡萄酒に変える奇跡では、

「瓶に水を張りなさい、それはそこにある」

それ（葡萄酒）はそこ（水ではった瓶）にある、と映画では話しているのです。

もちろん水で満たした瓶は芳醇なワインに変化するのですが、映画を見ていた当時、なにか違和感のある話し方だと感じていたのも、今では「なるほど」とただただ感心します。

日常生活時の脳波はベーター波が主人公、魂は身体という壁ですっぽり隠されています。

ところがアルファ波以下になりますと目覚めてきます。

この脳波をあなた自身で確認し、その時「願い」つまり「願掛け」できれば効果一〇〇倍となります。

その方法をこれからご紹介します。

○自分で現在脳波を確認する方法

寝る準備ができましたら天井の電灯をしばらく見つめてください。

そして消灯と同時にまぶたを閉じますと、まぶたの裏に電灯の残像が見えるはずです。

その残像は暫くすると消えますが、そのまま何か星雲のようなモヤモヤしたものを探して見つめてください。

しばらく眼球や視線を動かして色の付いた星雲をさがしましょう。

最初は薄黄色だった電灯残像は消え、薄灰色の世界が見えるだけでしょう。

さらに集中を続け薄明かりの伴う星雲を見つけ出してください。

探していますと薄い緑や黄色などの色々な星雲が現れてきます。

そのまま継続して他の色の星雲を探していますと、やがて薄い青色の星雲が現れてきます。

「青色の星雲」

この時点で脳波はベータ波からアルファ波の入り口にさしかかっています。

そのまま集中して探し続けていますと青紫のハッキリした星雲が見えてきます。

青紫の星雲を見つけたらその星雲の中心に向かって意識を集中させ中心に突き進んで前進しましょう。

青紫の中心に突入し続けますと青紫は濃い紫色の星雲となります。

「濃い紫色の星雲」


完全にアルファ波となりました。ここで願い事をしましょう。

もっと「祈り」に力を、と思う方はもう少し継続してみましょう。

濃い紫星雲の中心に突入し続けますと星々が煌めく宇宙のようなスペースに到達します。

脳波はアルファ波以下になっていますので、「願掛け」後、そのまま眠ってください。

もうとても眠くて仕方ないはずです。

ここまでに到達する途中、あなたの集中が「睡魔」に邪魔され、正面を凝視しなくてはいけないのに眼球が上ってしまい、脳裏に「普通の夢の様な映像」が幾度も襲ってきたはずです。

湧き出る「普通の夢映像」は色々な姿にイメージされます。

逆にその映像が「景色」「物」「異性」などの姿に見えた瞬間、たとえば「女性の裸体」「きれいな身体」とイメージしていくことで「自覚夢」に入ることもできます。

禅や瞑想では「雑念に負けた」といわれる状態なのですが、雑念に負けることも楽しいかも知れません。

宇宙の星々に見えた光は、ニュートリノ（星の大爆発により地球に届く素粒子の一種）が地球や身体をいつも通過しているのですが、それが眼球を通過するときに見えた光と思われます。

光は虹を代表するように七色、つまり赤、橙、黄、緑、青、藍、紫と分光されます。

波長でいえば約七百八十ｎｍから三百八十ｎｍ。ｎｍはナノメートルと読み、一ｎｍは一メートルの十億分の一ですが、瞼の裏を見つめていますと最初は薄い黄色や薄い緑から現れてきます。

普通、赤色や橙から始まらないのは睡眠姿勢となって脳波はベーター波でも比較的アルファ波に近い波長だから赤色は現れません。

「明日の返済するお金、できなかったー、どうしよう」

「亭主が浮気してた。許せない！　どう仕返ししてやるか」

ガンガン、ビンビンと高ぶった気持ちで入眠しますと、まれに赤色とか橙色が現れるかも知れませんが、通常は現れません。

紫以下の波長は紫外線やＸ線となってきますが私たちには色としては認知できません。

星雲の色は光のスペクトルのように黄、緑、青、藍、紫色の順で、濃い紫色の星雲が最後に現れるのですが、その中心に意識を突入し続けますと黒い満天の星を伴う大宇宙が最終的な到達点となります。

このとき脳波的にはデルタ波近くになって紫外線領域の入り口に差しかかっています。

私自身、青紫色の星雲が現れますと眠気が強くなりそのまま入眠することもありますが、青紫色の星雲で既に十分アルファ波かそれ以下の脳波となっていますので、あまり無理をしないで青紫の星雲を目標にしていただければいいでしょう。

「願掛け」は大学院レベルですので、安心してお休みください。

「もっと先に進むと、どうなるの？」

実は、その大宇宙空間よりさらに意識を前進させた体験が私にも一度だけあります。

普通は青紫色の星雲が現れ始めますと睡魔が襲ってきて眠ってしまうのですが、その時は体力も気力も睡魔に打ち勝つほど充実していたのでしょう。

睡魔は襲ってこず私は意識を宇宙の中心に集中、前進させていきました。それは突然起こりました。

光の大爆発。

ただただ光輝く大爆発、あまりの眩しさにビックリして飛び起きたほどです。

星雲が青紫かそれ以下の脳波からでの入眠によるバンジージャンプでは軽くシーター波を超えてデルタ波に到達します。

デルタ波でも瞬間ゼロＨｚ、つまり一時的な脳停止。

完璧なノンレム睡眠状態に到達し、この脳波ゼロＨｚとは完全な魂の目覚めを意味します。この睡眠レベルから魂夢、宝の価値を持つ夢が生み出されるのです。

十七．時空を超える夢

時空を超える夢の種類です。

1．デジャヴュ
2．予知夢
3．覚醒未来視

3番の覚醒未来視はＳＳ研究会用語で、一般的には「白日夢」とされている現象ですが「明晰夢」を自覚夢と使用しているように、ＳＳ研究会独自のものです。

○デジャヴュ

男性では五人に一人、女性では二人に一人が経験します。

初回から数回目程度は体験時に「デジャヴュショック」を感じますが、体験が多くなってきますと「またなの……」と、ショック感は和らいでいきます。

「繰り返し見る恐怖の夢」は神様学校への入学資格を得るためのテストであり、公平に誰もが配布される試験用紙だったのですが、「デジャヴュ」は神学校に入学するための「本試験」です。

この本試験は誰にでもは配布されません。バンジージャンプで申しますと、足にセットするゴム紐が柔らかくしなやかな人。

でも、男性でも二〇%、女性では五〇%が資格を持ちますので、比較的緩い選考基準といえます。

睡眠中、脳波が停止する状態まで深くなりますと魂は束縛から解放され、一〇〇パーセントピュアな自身を取り戻すことができます。

解放され自由になった魂は本来の特性「反重力」にもどり、時間、光速度という束縛からはまったく影響を受けなくなります。

ここのSS理論は長くなるので、ここではこの程度の説明に留めておきます。

本来の「反重力」というエネルギーに戻った魂が一瞬「私達には未来となる場」にアクセスした

のが「デジャヴュ」です。

見方を変えますと男性の二〇%、女性では五〇%の方しか深いノンレム睡眠が取れていないことにもなります。

女性の方が長生きする一因がここにも隠されているようです。

デジャヴュを体験しますと疑問を持ちます。

「あれれっ　どうして未来って見えたんだろう……」

「時空ってなんだろう?」

そこでちょっと本やネットで調べてみると「あなたって妄想癖があるのでしょ」なんていう言葉を浴びせられたりで「黙っておこう」「考えるのヤーメタ!」となってしまう方が大半です。

せっかく神世界の一端を体験したのに、脳が支配する理論世界に戻ることになるのです。

「神様、未来を体験させて頂きありがとう」

「神様、時空の秘密を知りたいんです」と常に神を意識する生活習慣から、より深い神様とのサポートが始まるのですが、実際に神様学校の校門をくぐるのはほんの僅かな人達となります。

未来視であるデジャヴュはいくら考えても常識、理論的には分かりません。解答の得られない疑問への挑戦は「骨折り損のくたびれ儲け」となり、自ら迷路に入り込むようなものです。

「私もなんども体験するけど、面倒だから考えないのよ」

「そうですか、体験が一瞬で終わる神学校への入学試験ですから、それも仕方ありませんね、でも、せっかく素敵な出会いへの序章なのに……」

「ええっ、そうなんですか！」

「ソウルメイトってご存じないですか？　門をくぐればそんな出会いも待ってますよ」

「でもーーっ、超ーーー難しそーだもの……」

十八．予知夢

古城のようなところを訪問しています。

ゆっくりと散歩し古城を説明する立て札を眺め、すこし進むと小さい橋に差しかかりました。川を見ようと覗きこみますと、そこに水は無く、五色の落葉で覆われた美しい川面がひろがっていたのです。

この夢は私が二〇年のパイロットを辞め、東京でのサラリーマン時代に見たものです。

それはそれはユッタリした時間の流れ、画面的にはその程度の変化しかありません。

ところが、そのときの心と状況がありありと分かるのです。なんと！　心安らぐ若い女性と散歩しているのです。

画面には登場しませんが、隣にその女性がいることを感じています。

しかも平日だということまで理解し、その強い安らぎ感は目覚めても心地良い記憶として私を包み込んでいました。

「えええっ!? まったくいつもの夢とは違う……」

あまりのリアルさに、過去体験を思い出すことにしました。

「あの場所はどこだっけ?」

「あの女性は誰?」


過去に訪問したお城とか、デートした女性のことなど必死に思い出そうとしました。

夢の中ではその女性のこと、古城の場所と名前も確かに理解していたのですが、目覚めた後はどうしても思い出せません。

「そうか、未来のシーンかも……」

ところがその当時は普通のサラリーマンです。

平日に若い女性と散歩なんてことは夢のまた夢。

あるとすれば社員旅行ですが、二人っきりの古城散歩でしたので社員旅行といった団体での行動とも思えません。

それと当時、社内勤務する同僚異性達を考えても該当するような人もなく、また、私自身そんなことが叶う立場でない中年親父です。

「まるで夢のような夢だったなー」

ヘンテコな思考がよぎるだけ。

じゃ、やはり過去の記憶の一場面かと、もう一度すべて訪問したお城など考え直してみたり、過去に出会った女性との行動記憶など、頭をフル回転してチャレンジ！

「やっぱり未来の出来事かも……」

今まで経験したことのない雰囲気と穏やかな流れの夢で、過去か未来の現実としか考えられないほどの感動的な夢だったのです。

過去の記憶からはあの体験は出てきません、やがて「未来の一シーンだった」と自分なりに確信するようになりました。

しかし「しがないサラリーマン」の私からは、どう転んでもあのような素敵な未来は思い描けません。

何度も何度も必死に考えました。

七転八倒するほど考え、その答を求めようとあがいていたそのとき、突然。

「五年後に分かる」

と頭の中で声が響いたのです。

「ど、どうして五年後なの！？」と思いましたが、それはそれは威厳、深い信頼感を伴う声だったのです。しかも、こちら（神）から声を掛けるのはルール違反、仕方なく、本当に仕方なく声を掛けたという感じがストレートに伝わってくるのです。

「まぁいいか、考えるのはよそう」と決心しました。

しばらくはその出来事を気にとめていましたが、その二年後サラリーマンを辞めて起業し、その夢のことはすっかり忘れていました。

起業して三年が経過し仕事量も増加、私一人では不便と感じ事務員を募集することにしたのです。

雑誌広告での募集でしたが約二十名が面接に来社。

その中で一目見て「この人にしよう」と考えた女性を採用したのです。

その後、仕事で彼女と長野県松本市に車で向かったのですが、予想外に時間が掛かり、途中で昼食を取ることになりました。

高速道を降り食事処の看板を探しながら走っていますと感じのいい看板を見つけました。

「あそこにしよう」

と、店看板の案内矢印を参考に進んでいきました。

広い駐車場に到着、その「そば処」に向かったのでしたがなんと「支度中」。

仕方なく少し周りを探してみることにしました。

少し進みますと立て看板、そこには「小諸城跡」とありました。敷地内に入ってみますと、すぐ前方に小さな橋があります。何気なく川の中を覗いてみたとき、意外にも水は無く五色の落葉で覆われたきれいな川底。

「あああっ　こっこれは……！！！！」

そうです、五年前に見た夢シーンがそこに出現したのです。

東京に帰って調べてみますと、その夢は「予知夢」という名前、と知ることとなり、これが私にとって初めての予知夢体験となりました。

私にとっての予知夢体験は、第一弾から超ストレート。

目の前に現金を三億円ドドーンと積まれ「これでどうだ！　これでも足りないか！」って感じの予知夢でした。まさにフルコースの宮廷料理を提供されたのです。

それからは予知夢ラッシュ。色々な予知夢を体験し、どんどん身近な友達関係になっていきました。

予知夢は絶対未来視、つまり必ず現実になります。

予知的な夢体験は山のようにあるのですが、絶対未来視が特徴の予知夢は少ないのです。

予知夢は起床しても、何日たっても忘れない不思議な感覚の夢です。

何故か忘れることができない夢だともいえます。

「これから行く場所の夢を今思い出した、そこでの内容は今メモしてるから、ここのダッシュボードに入れておくので、銚子からの帰り道に開けてみよう」

ドライブ途中に思い出した夢は「地球が丸く見えるレストラン」、それは小高い丘にあり入っても食事はオーダーできないのか、なぜかレモンティを注文してテーブルから蒼い太平洋を見てる、という夢でした。

それをメモし彼女には見せないままダッシュボードに保管してのドライブの途中で「銚子灯台」の標識を確認、右折しようとしますと道路工事中、しかたなく迂回するため山道に入りますと「地球が丸いレストラン」の看板がそこにありました。

店に入りますと誰もいません。やっと現れたウエイトレスさんからメニューを受け取り選んでいますと「海の幸がいい」と彼女。

「この店では無理、海鮮はやってない」

そこでドリンク注文だけになり、彼女はレモンティ、私も「同じやつで」と注文を終え、お茶を楽しみつつ太平洋の丸さを感じてみようかと、海を見つめていました。

私としては「なるほど、ここね」ということですが、彼女は帰路、四つ折りにし封筒に入れてた「私の初の未来メモ」を見てとても驚いていました。

予知夢の特徴は「普通の景色」の夢内容だったとしても、目覚めても忘れることはありません。夢の景色やシーンだけのものでも、どのような人といるのか、その時の思考とか自分の気分や心理が手に取るように分かるのです。

真っ暗で話声と音だけの場合もありました。なのに、そこがどのような場所でどのような相手といて、どのような気持ちでいるのかも理解できるのです。

予知夢の最大の特徴は自然な時間の流れ、ゆったりとしたシーンが続きます。

夢で見た当時には存在しない発明物、機器なども夢の中では、すべては自然な物や存在物として普通に操作したり見つめているのです。

一年以内に発生する「近い予知夢」は目覚めても「これは間近に出会う夢だ」と感じることができますが、それ以上遠い未来の予知夢では時期の特定は困難となります。

デジャヴュはあまりに一瞬なのか目覚めても記憶の片隅にもなく、その場面が発生して「あっ、これは」となりますが、予知夢は起床してもすべて忘れることはありませんでした。

「香りと音」だけで画面が真っ暗な体験もありました。

「変な臭い」と感じたのですが、誰と何をしていて、その時の心の動きも分かりますので簡単に予知夢だと理解できるのです。変な臭いは「醤油工場」の横に流れる溝からのものでしたが、私の場合には香りを伴う予知夢は二回だけで、日常生活でも香りに鈍感なことが原因かと思われます。

予知夢を何度も経験しはじめた頃「一体、何年先の未来まで見られるのか」ということが最大の関心事になっていき、多くの意見や体験も知りたくなったので、夢の研究会をネット上で発足させました。

当時、インターネットサービスは開始されたばかりで、ＯＳとしてＷＩＮＤＯＷＳはまだ存在しておらず、ネットエクスポーラとか、そのような名前のＯＳ時代でした。それでもだんだんに会員は増加し、やがて六〇〇名になったのですが、予知夢を見る人は少なく、ほとんどが予知的な夢と判定しました。

いくら真剣に聞き取りしても、所詮は追認などできないパーソナル世界のことです。

これ以上続けても無駄、と思いネットを閉じたのですが、そんな会員の中に数名「これは本物」と信じられる体験者や能力保有者達とは、その後も交流を続け、ＳＳ研究会という内輪だけの会を発足することになったのです。

ＳＳ研究会は夢世界だけでなく、睡眠、脳波、老化、健康などの関連性も研究対象となりました。

当時の記録から少し予知夢事例をご紹介しましょう。

予知夢事例　その一（四四歳　男性）

私はベットに横たわるパジャマ姿の女性を、その横に腰掛けて見ていました。

その女性はベットの手すりを掴まえながらクネクネと奇妙な腰の動きをしているのです。

私はタダその腰の動きを見ていた、という夢です。

その女性が誰なのかまったく分からなかったそうですが、三年後、開腹手術を受けた奥さんが術後、切開箇所の癒着を防ぐ運動をしている姿だったのです。

夢見当時、独身だった彼は一年後その女性と結婚しています。

予知夢事例　その二（三二歳　女性）

きれいな緑色の丘をさまよっていました。

私はお墓をさがしていたのですが、ヘトヘトになっても見つかりません。

通りがかりの人に尋ねると
「隣だよ」という返事だった、という夢。

二年後、彼女は会社の出張でアメリカのシアトルにあるホテルに泊まり、観光ガイドブックでブルースリーのお墓が近くにあることが分かったそうです。

タクシーで近くまで行ったのですが、どうしても見つかりません。

疲れてはて、ちょうどさしかかった通行人にブルースリーのお墓はどこかと尋ねたとき、

「隣だよ」と言われたのでした。

予知夢事例　その三（四七歳　男性）

僕にとって、昔、夢に出てきた理想的な家があるんだ、なんかすごくリアルな夢で玄関の脇にキンモクセイがあるんだ。その香りまでする。横にいる女性が、

「風通しがちょっと悪いわね」って言うんだけどね。

まぁ、全部洋室でプライベートルームもあり僕としては気持ちいいんだ。

一三年後に現実になり、風呂や洗面所のタイル、壁紙まで夢のままだったそうです。誰だか分からなかった声の持ち主は「奥さん」だったのです。

この夢は彼が学生時代に見た夢で、当時はまだ奥さんとなる女性とは当然出会ってもいません。

その後就職、結婚、マイホームとなったわけです。

予知夢事例　その四（二三歳　女性）

彼女が高校二年生の時に見た夢です。

展示ホールのある三階建ての立体模型を作っているのだけど、中の仕切りの仕様がくるくる変わって、とっても苦労する夢なんです。顔が分からない誰かが非常に細かく指示をしてくるんです。

一人で紙を切ったり糊でくっつけたり、その糊のにおいが鼻をついて……。

その後大学を卒業して、大阪のデザイン事務所に就職、ある自治体からの依頼により展示ホール

を手伝う仕事に従事しました。もちろん夢そのまま。指示は会社の先輩ですが、その六年前に見た予知夢です。

予知夢事例　その五（三六歳　女性）

私は小さい頃から物語が大好きでした。

夢もごく小さいときからきれいなカラーの夢だったと思います。幼稚園から小学校低学年の頃に、扁桃腺炎で高い熱を出すと必ず見るのは、真っ赤なスポーツカーに乗っていて、黄色い大型コンボイに追いかけられている夢でした。

私は強度の近眼でしたが、夢ではくっきりとした像で見ることができたのが、とても不思議でした。

あれは中学の二年生の秋でした。

文化祭の用意をしていた頃で、はっきり秋だったと覚えています。

その頃、超自然現象や、催眠術、オカルトなどのブームがあって、私も私の親しい友達もそういうことにたいへん興味がありました。

それまでも、授業中に消しゴムを落とす夢が翌日、実際にそっくり再現されたり、夢で見たのと同じ会話をしていることに気づいたりしたことはよくありました。

私にとっては、とても当たり前のことだったので、そういうことには慣れっこになっていたのです。でもその日の夢は長くてとても不思議な夢でした。

どこだか知らない田舎の山のお寺にいるんです。

お寺なんだけど、なんだかいやーな感じがして落ち着きません。

健康的でない、それでも山のすがすがしい空気を吸いながら、ほとんど崩れた長い石段を登っていくと、白い仁王様がいる山門があって、そこからまだ石段が続いていています。

上がりきるとがらーーんとした広場の向こうに、かなり大きな本堂がポツーンと建っています。

なんだか変な感じがするのは、普通のお寺なら石段が、下から山門を通って真っ直ぐに本堂があると思うのですが、そのお寺はぐるっと巻き込むように斜面に石段があったのです。

本堂に入ると、真っ白な顔の大きな仏像があります。

「ナイジンが低くて妙だ」

男の声が聞こえます。

カビ臭い、すえた匂いのする本堂の畳の上には、何か動物の足跡がいっぱい。

本堂の裏には、小さな泉が湧いていて、そばの楓の緑の枝を鏡のようにくっきりと映し出しています。

かなり広い低い山なのに、大きな木はほとんどなくて、ガラーンとした感じです。

苔かカビのにおいなのか陰気な香りが漂っています。

別の建物があり、すぐ裏は掘り返されて、テープで四角く仕切られた中で、何人もの女の人がほっかむりをして土の上にしゃがみこんでいるのです。

私はお坊さんのような人と机の上に広げた古い絵図を見ながら「ケッカイ」がどうのこうのと話しています。

そんな夢でした。

不思議な夢でしたけど、すっかり忘れてしまい、その後三〇歳のとき、ですから一六年後のことです。

あるお寺で大きなイベントを担当するために打ち合わせに行きました。

そのお寺は由緒ある寺だったそうですが、終戦直後、周りの樹齢千年などの木をほとんど伐採していたのです。

村起こしの一環で急に脚光を浴び、ボランティアなどによる発掘調査などが始まったのです。妙な臭いのするのは本堂の畳の上に、キツネの糞《ふん》がいっぱい。

古文書を調べていますと、打ち合わせていたお坊さんが、

「これ二重結界ですね」

このときでした。私は中学生の頃に見た「あの不思議な夢」をはっきり思い出したのです。

「ナイジン（内陣）」や結界という言葉が理解できなかった子供時代の夢を。

以上、予知夢事例を五つご紹介しました。

一六年後の予知夢が最長なのですが、この私は約四〇年後という予知夢を体験しました。

子供（多分小学生）の頃の夢。

薄暗い部屋の中、右側に見たことのない薄明かりを放つ装飾品かチベット仏具のようなもの、一段に二十個程度の小さな像があり、それが八段ほど重なった不思議なもの、ただそれだけの夢。

夢画面は全体に暗く、その薄明かりの装飾品のようなものを、ただ見ているのです。

その夢は三回見ています。

画面は暗く、薄明かりだけの、でも何故か落ち着く、まるで幻のような夢でした。

大人になって夢研究会のサイトもやめた四十八歳の時、冬のある日、東京から沼津に向かっていました。なんども行ってる沼津なのですが、その時はなぜかインターを通り過ぎてしまったのです。

しかたなく富士インターで降り一般道で引き返すことにしました。

この頃には「何故か分からないけど〇〇」このような感覚や体験の場合には「何か起こる」と理解できるようになっていました。

そこで「さて、こんどは何かな？」という気分で富士宮の街をキョロキョロ見渡しながら運転していたのです。東京には見られないコンビニのような店があり「ここかな？」と何かの出来事を期待して店内に入りましたが、そこでは何も起こりません。

当時「富士宮やきそば」がテレビなどで有名になっていたので「食べてみようか」と探し続けていますと、交差点の道路標識に「毘沙門天」と書かれています。

行ってみようかと、その標識の示す道に入ったのですが見当たりません。

通行人に聞きますとまだ約二百メートル先とのこと。

到着しますと広い駐車場にすごい数の簡易トイレが並んでいます。

寺に入りますと誰もいません。中国風の派手なお堂とかあまり見ない感じの建物もあり正面は本堂でした。

本堂に近づくとローソクを販売しているようで、線香、ローソクをお参り用に買おうかと人を探しますが、遠くに動いている巫女さんのような人はいるのですが、みなさん忙しそうにしています。

黙って靴を脱いで本堂に入りますと、ここにも誰もいません。

左に部屋らしきものがあり、入ってはいけないような感じでしたが引かれるように入りました。

広い畳の部屋、正面には仏壇。右には何か変なものが。

その不思議なものに思わず膝をつき「何？　これって……」と見ていたとき、

「……………あれっ……これは……」

なんと子供の頃の夢が徐々に思い出されてきたのです。

おびただしい簡易トイレは、あとで日本三大だるま市の準備品だと知ることになります。

予知夢はそれが十六年、四〇年後であろうとはっきり思い出すものなのです。

なぜだか分からないけどここに来た、いつもはできているのにその時はなぜか忘れた、とか偶然な出来事が発生したとき「なぜだろ」「何が起こるの」と慎重に興味と好奇心を抱いて辺りにアンテナを張り巡らすことが大切なのかも知れません。

私はこの体験から、より深く、より強い感謝の念を「神様のような方」に抱くようになりました。

十九. 覚醒未来視

覚醒未来視の種類は次の通りです。

1. 予知夢で見ていた夢から分かる未来視。

2. 夢体験はまったくないのに自然に見えてくる未来。
3. 能動的に明日などを見つめ浮かんでくる未来。

これから予定している訪問先、出来事などが自然と浮かんでくる場合があります。

たとえば喫茶店などで外の景色や向かいの店舗などを見てるとき、その後、その店舗に行って何かを買うとか未来の行動を夢で見ていたことを思い出すことがあります。

これとは別に、まったく夢では見ていないのに「あっ、次の訪問先の玄関には変わった彫刻がある」とか「あっ、この契約、うまくいって帰りに飲みに行くんだ」とか浮かんでくる場合があるのです。

いずれも、当然「浮かんだ未来」は訪れるのですが、後者の場合にはせいぜい数時間か十日後程度の近未来です。

初めてのレストランで「あっ、ここに近々もう一度くるな」そういった感じで現れます。

テーブルを挟んだ向かいに幻のような像が浮かび、「あっ、この白い服の女性とくるんだ」などと、誰と何をするかが見えてくる現象をSS研究会では〝覚醒未来視〟と名付けています。

高度三万四千フィート、沖縄に向かう旅客機。

突然、腰が浮かぶほどの激しい上下の揺れとビリビリ音を立てきしむ窓ガラス、慌てる乗客。

振動は益々激しくなり、逆に静まる機内。

「あなた、これ……やばいかも……」

「ちょっと待って」

男は沖縄での未来が無いか意識を集中。

その時、白い砂浜で笑ってる二人の光景が浮かんだ！

「大丈夫だよ、無事に沖縄に着くから」

微笑む夫に心から安堵する妻。


濃霧の高速道。

包み込む静寂の中、走り続ける白いセダン。

「あのー、なんだかイヤな感じがするんです、事故の……、私って霊感強くて……」

「そうなの？」

「ええ、事故に気をつけてくださいね」

女性の勘はよく当たるという。

この大切な契約書を持って事故はできない、明日には社長も出る会議がある。

男は明日の社内に意識を。

社長室に入る自分が見えた！

助手席の同僚にはこんなことは言えない。

「大丈夫ですよ、事故はありませんから」

「ええっ、どうして分かるんですか？」

「はははは、第六感ってやつですよ、ただそれだけ！」

あなたの周りに緊急時、非常時でも平然としている人はいませんか？

もしかして、この能力を使ってるかも……ね。

二十．夢での講義

夢で受けた講義は二つです。

1. 二つで一つ
2. 小さいほど貴重

夢の中での個人授業は突然始まりました。

夢の発生時期は二年ほどの時間差はありますが、その当時考え、悩んでいた疑問への回答というタイミングで、どちらも少し専門的な疑問から示された講義内容です。

1. 二つで一つ

夢での画面としては、小さな光がホタルの様に浮かんでいました。

見つめていますと二つの小さな光は一つにくっつき、少し強い光の球に変化し飛び去っていく、というものです。

シーンといいますか、具体的、ビジュアルな教材としては、これだけです。

講義が中心、話がメインの個人レクチャーです。

ビジュアル教材を見せながら聞こえてくる声、それが講義ですが、内容としては……。

1. 小さな丸い光でも、どのような物でも同じものはない。
2. 対となるのはただ一つだけ。

このような講義でした。

ところが言葉としては短いのですが、私には言葉にはないイメージが伴っていて、それらが理解できるのです。

ハマグリ。

もちろん貝のあの「蛤」です。

この貝は木の実の栗に似た形をしていることから「浜の栗」（ハマグリ）と呼ばれるのですが、平安時代より貴族達の間で楽しまれてきた「貝合わせ」という遊びがあります。

蛤はもともと一対《いっつい》だった相手といいますか、ただ一つの相手、対だった貝殻としかピッタリ合いません。

別の貝殻とは決して対として合うことはないのです。

そこで花嫁の婚礼持参品として、また男女間のゲームとして用いられたのですが、金箔地に華麗な平安絵巻が施された作品には芸術的なものまであります。

現在でも結婚披露宴でハマグリのお吸い物がよく出されるのは、一対の貝殻が寄り添うということから「永遠の夫婦和合」への願いが込められているのです。

講義では、すべての魂は、もともとハマグリの片方の貝殻のような存在で、前は対だった相手の魂を見つけ出し合体することが大切と教えてくれました。

また、この世にあるすべてのものは、すべて対《つい》になっているとのことです。たとえば陰陽、物質と反物質、陽子と反陽子などのようにプラスとマイナスが対として存在しているのですが、すべて魂から物質まで自然界には同じ物は存在しない、と言うのです。

ハマグリや雨の一粒たりとも同じ物はなく、無限数の雪の結晶でさえ同じ形はない。魂も同じで決して同じ物はなく、ピッタリと合体できる相手はただ一つだけだと教えてくれたのです。

対の魂を見つけ出し合体しますと不思議なことに、完全な球体に戻り一体となった二つの魂は姿を変えて「涅槃《ねはん》」に入る。

(ここで「涅槃」という言葉を使いましたのは、そのとき私の受けた印象を言葉で表すとこうなります)

イメージ的にはもともと存在していたマイホームに〝対〟となって帰っていくようなものでした。

現代科学ではこのような合体を「対消滅」といってますが、合体したとたん観測できなくなるために消滅という表現を使っているそうです。もちろん姿は見えなくなりますが消滅ではなくエネルギーの変化、つまり形態が変化するだけです。

このような講義を受けますと、連鎖的に質問点や疑問が湧いてきます。

そのような疑問への解答を考えたり、疑問点を科学的、精神世界の両方に見る考え方をＳＳ視点だとしています。

たとえばこんな疑問です。

「光子」の対「反光子」は一体どのようなものか？

「意識子」にも「反意識子」は存在するのか？

反意識が存在するのなら、意識には「気」や「オーラ」「心」も含まれています。元気に「反元気」、気孔に「反気功」、オーラに「反オーラ」も存在することになるのでしょうが、英語で「I　hate　you＝あなたなんか大嫌い」という言葉があります。「あなたが大好きなの」と裏返しの意味合いでよく使用される言葉ですが、この「好き」という心に「嫌いよ」という「反対の心」が同時に発生するような感じなのでしょうか。元気に振る舞えば振る舞うほど、身体には「反元気」というエネルギーが生じ、そこから心の疲れを生んでしまう、そんな意味合いなのでしょうか。

このように色々と連鎖的に疑問点を浮かび上がらせ、その答えを探っているのがＳＳ研究会というわけです。

会員は七名だけの小さな研究会でメールなどによる情報や意見交換となっています。

「自称、セブンエンジェル研究会でーーす」

「ふーん、要は、七変人研究会でしょ!」

2. 小さいほど貴重

この夢も、やはり個人授業の形で、ビジュアル教材としては一メートル四方程度の枠のついた板にビッシリと宝石のような微細粒子なものが詰まっているものでした。

その宝石のようなものが曼陀羅のように何重もの円を描いた形で配置されているのです。赤や青に輝く輪を示しながらのレクチャーでした。

要約してお伝えしますと、

1. 小さければ小さいほど高貴である。
2. 小さければ小さいほどパワーエネルギーが大きい。
3. 小さければ小さいほど貴重となる。

その光の中心はとても美しいエメラルド色に輝いていました。

講義時間は長く、なぜ高貴になるのか、稀少かつ貴重になるのかなど詳しく聞き、その時には「なるほど、ウンウン」と理解できていたのですが、今ではすっかり忘れてしまっています。要約しました三つの内容はしっかりと記憶に残り、その中心光である美しいエメラルドの輝きはいまだにアリアリと浮かんできます。

「えっ、どうして中心がエメラルド色なんだろう?」

目覚めて一番の疑問がその色がエメラルド色だったことです。

一番高貴で貴重な存在である中心の輝き。

常識的に考えますとキラキラ輝く真っ白い輝きか黄金色が中心の輝きとしては望ましいと思うのですが「神様のような方」が示していたのはその曼陀羅光の中心の色は確かにエメラルド色だったのです。

二つのメイン講義を受け取ったのですが、これに加えて夢の体験やサポートを通じて、「神様のような方」がいつも見守ってくださいます。

その時々の疑問は、ひらめき、ビジョンなどで支援を受け続けて、ＳＳ理論が完成することになるのです。

しかし文書にしますと、あまりに量子論的で科学書のようなものになってしまいます。

この本では、それらをすべて省略し、十数年という期間、疑問に答え続けていただいた「神様のような方」からの教えを対話的に表現しました。

私が受けた教えや回答ですが、ムハンメドの啓示、出口なおさんや最近ではニール・ドナルドさんのような「自動書記」という方法ではなく、あくまでその言葉や回答は「閃《ひらめ》き」という感じで、スッと浮かんでくるのです。

ただ、同様な方法でも完全、正確に「その意思」は受け取ることはできません。どうしても曇ったメガネから見ているようにフィルターがかかります。

その原因も啓示を読み進めてくだされば、ご理解されると思います。

対話方式で進めますが、私と対話している方は、いわゆる「神」ではありません。あくまで〝神のような〟方ですが、対話式に進める都合上「神様」と呼ばせていただいています。

夢の研究からスタートしたＳＳ理論の十数年の集大成です。

夢研究同様、それは常識を覆す内容ですが「真の姿」がここにあります。

二十一・神との対話

神様、いつも見守ってくださりありがとうございます。私は神様がいつもそばに居られると知っていますが、一応質問させて頂きます。
神様はどこに居られるのですか？

いつもそばにいる。私はお前であり、お前は私なのだから。

神様のお姿ってどのようなものなのですか？

目に見える姿はない。
ただ存在している意識エネルギーだ。
それが一番近いだろう。

神様の本質はなんですか？

「愛」というエネルギーである。
私の本質は「愛」
私がいう「愛」とは、お前がいう「反重力エネルギー」だ。

分かりました。愛という反重力エネルギーで、夢での講義のように極限の高貴、極限のエネルギーを持っておられる崇高な「愛」という意識エネルギーというわけですね。

本質はそうだ。

神様が反重力エネルギーという表現は、なにかピンときません。反重力とか重力とか無重力という言葉自体が適切でないのかも知れません。

どう表現しようと自由だ。

反重力という言葉が私には適切とは思えませんので、反重力を「聖」、重力を「物質」、無重力を「創造」という言葉として表現したいのですが。

それもいいだろう。ここからは、その言葉を私も使用しよう。

はい、神様は「愛」という「聖（反重力）エネルギー」ですね。
この言葉を使って私も質問していきます。
私に講義してくださった曼陀羅の中心の色ですが、どうしてエメラルド色だったのですか？　黄金色とか輝く純白の光とかだと理解しやすいのですが。

光、つまり光の象徴としてはエメラルド色だ。
言葉の制限もあるが、やはりエメラルド色だろう。

どうしても宝石価値として比較してしまいます。エメラルド色では、どうもピンとこなくて。

それでは、純白に輝く光のほうが適切だと思うのか？

はい。ただピンとこないだけですが「神様」がエメラルド色だと言われるのですから、それでもいいのです。私もエメラルド色が大好きですし。

少し誤解しているようだ。

人間の視覚、感覚から考えれば、光は純白のように見えるのだろうが、お前も知ってる通り七色の総称が光だ。

だが、光は数百、数千、いや数億色のエネルギー種類が密集した集合体、それが光だ。

それを示したのが、あの曼陀羅だ。

中心はエメラルド色であり、中心に波動の変位による数億の色が寄り重なっている。

お前達の視覚では、その乱反射した数億色エネルギーが白光のように見えているのだ。

しかし太陽光は太陽という物質が放つ個別の光であり、物質それぞれに放つ光は相違する。

私が示した光は私が産んだ重力エネルギー光による曼陀羅だ。

その中心光はただ一つ。

その色をお前はエメラルド色と表現した。

表現には限界がある。

それはお前も理解しているはずだ。


なるほど。

正確にあの色を言葉で表現しますとブライト　エメラルド　ブルーでしょうか。

なぜ沢山の色環で組み合わされた曼陀羅なのか不思議でした。

そこで分光に使うプリズムを回転させたと仮定しますと、確かに光のスペクトルも回転し、円を描きます。この回転により中心光という存在が現れてきますので、円光の曼陀羅がようやく理解できました。

今までの疑問が解決しました。ありがとうございます。

では別の質問です。

「神様の学校」とか、入学試験という言葉を使用しましたが、言葉としては適切でしょうか。

言葉としては適切とはいえない。

入学する、ということではない。

神の学校から「退学」しないこと、進級試験という言葉が適切だったであろう。

ちょっと、意味が理解しにくいです。もう少し教えてください。

私はいつもお前の側にいる。

お前達すべての側にいる。
ただそこに存在している。
私から離れないことだ。
いつも私と繫がっているようにすること。
学校に入学するのではない。
学校から離れないことだ。
私から離れない、つまりお前はお前の本質から離れないことが大切なのだ。

私の本質は魂です。魂とそれに伴う意識です。それは理解しています。では神様から離れないようにするにはどうすればいいのでしょうか？

お前は私から離れてはいない。
頻繁に戻っている。
それでいい。
お前は睡眠を大切にしている。
睡眠が私に戻る回路であり、学校にもどる道なのだ。

その道はすべての人間は確保している。
総ての霊長動物が確保している。
もどる回路は常に、そこにある。
学校に戻って自分を思い出すことが大切なのだ。
道は常に存在する。
自分がだれなのか、どこから来たのか、どこにいくのかを決して忘れてはいけない。
時々でも、それを思い出すことだ。

学校への道が睡眠なのですか？

その通りだ。
私はお前達に道をおいた。
その道は、お前達が「ノンレム睡眠」といってるものだ。
お前はその道を通ってよく戻っている。
よく思い出している。
それでいい。

戻る道を示すこと。

この本の役割もそこにある。

この本により「学校への道」がなんであるか示すのだ。

忘れている人達に「道を指し示す」

それがこの本の役割なのだ。


私に夢世界のすべてを教えてくださったのは、そのためだったのですか。よく分かりました。ありがとうございます。

ノンレム睡眠が学校に戻る道なのですね。道幅が広い人、細くなってしまった人、土砂崩れで道が途中でふさがれた人もいて、その道が違っているということですね。


そういうことだ。

その道を通って帰る方法、道幅を広げる方法、土砂を取り除く方法をお前はこの本で詳しく示した。

夢世界の本だが、この本の真実、役割がそこにある。

ソウルメイトとはなんですか？


学校への道が広がると、学校で過ごす体験ができる。

そこには級友、上級生、先生がいて、その人達から影響や指導、教えを学ぶことになる。

同級生、上級生、先生などがお前のいう「ソウルメイト」だ。

学校へ通学すれば交流も深くなる。

深くなればなるほどサポートが多くなり、現実生活でもサポートが開始される。

最初のサポートは小さく、お前達がシンクロニシティとして体験することだ。

このシグナル、サインに敏感に気づき、より学校にもどってくるようになると現実生活でソウルメイトによるサポートが始まる。


ソウルメイトからは、どのようなサポートを受けるのですか？


それは多岐のサポートだ。

強い正義的価値観というチリを取り除く。

現人生での役割を思い出させる。

その達成への能力に気づかせる。
その達成へ補佐、援助する。
癒し続け見守る。
このようなサポートとなる。
役目を終えたソウルメイト達はすぐに離れ、次のソウルメイトと交代していく。
それが繰り返され、お前はより微細な魂になっていくのだ。
最後に現れる「癒のソウルメイト」が、お前達のいう「運命の人」である。

真の「運命の人」は夢での講義で教えてくださいました。
ここでいわれた「運命の人」は身体を持って会うことのできる人ってことですね。
ソウルメイトから考えますと、当然、輪廻転生はあるのですね。

そうだ。
お前達の魂は何度も転生を繰り返している。

分かりました。では輪廻転生を繰り返す目的はなんなのですか?

より高い経験をすることだ。

私が示した曼陀羅。

小さければ小さいほど高貴、高エネルギー、貴重。

輪廻転生の目的とは、より微細で高振動エネルギーになることだ。

私の本質により近づくことでもある。


なるほど、最終的な目的は、神様学校で勤務する先生の数を増やし、先生の質を上げていくようなものですね。

輪廻転生を続けるということは神様学校の幼稚園部、小学校部、中学校部、高校部、大学部、大学院部……、と幼稚園から始まる学校経験を積んで、より貴重な魂になっていくのですね。

そこで次の疑問なのですが、なぜ、どうして、より高貴、より貴重、より強いエネルギーの魂にならなくてはいけないのでしょうか？


私はお前であり、お前は私だ。

私はお前達がいなければなにも経験できない。

お前達は私の眼であり視神経であり五感なのだ。

私はより高貴な経験、より貴重で崇高な体験感覚と感動を望んでいるからだ。

そうでしたか。単純に考えましても一九三〇年には三〇億人だった地球人口が二〇一一年に七〇億、そしてもうすぐ一〇〇億人。あまりにも幼稚園児、小学生の数が多いのですね。

各先生も沢山必要となるわけです。

学生の指導はすべて先生に任せ、神様はもっともっとハイレベルの体験感覚を味わいたい訳ですね。

私達も年とともに、より深い本を読み、宗教や哲学、芸術を学んだりするのと同じことですね。

神様はエネルギーだから、私達人間がその眼、その視神経、その五感機能を担う。

なるほど！　よく分かりました。

それでよい。

ここで大きな疑問がまた湧いてきました。

神様はいわれます「私から離れるな」と、それを私は何度も聞きました。

そのニュアンスから申しますと、神様からは私達人間には何もしないってことですよね。

私達はあまりに理不尽な災害や悲劇に「ああっ、神も仏もいないじゃない、いるのならこんな悲惨なことなど起こらない」とよく考えてしまうものです。

そうではなくて神様から離れないことが大切なのですね。

自主的に神の学校に戻らない限り神様との回路は開かない、ということは理解できました。

ではムハンメドのコーランは一体誰による啓示なのでしょうか？

出口なおさんやニールさんもそうです。

モーゼがシナイ山で出会ったのは誰なのですか？


もちろん学校の先生達によるものだ。

だが学校には色々なタイプ、教え方をする先生もいる。

いたずら好きな同僚や目立ちたがり屋の上級生もいるだろう。

静かに見つめれば、それが何者か見えてくるはずだ。


ムハンメド、出口なおさん、ニールさんは学校の先生といわれました。先生といいましても幼稚園部の先生から大学生指導の先生まで沢山いますが、教え方や先生としての資格も違ってきますよね。

そうだとしますと、今、私とお話し頂いている神様は、どの学校の先生なのですか？

先生には関与への枠組み、ルールがある。
ただお前達に未来を教える資格は与えられていない。
未来を間接的、抽象的に教えるのが限度である。

ではデジャヴュはなんなのですか？

デジャヴュはお前達の魂が一瞬、私の本質への回路が開き、覗き見たものだ。

なるほど、予知的な夢は先生によるものなのですね。
予知的な夢では見た夢内容と現実が相違したり、ずれたりすることが多いのですが、その原因はなんでしょうか？

間接的に教えようとするからで、当然ずれは先生達の配慮の一つである。
正確な未来は教えられないのだ。

またずれを生じさせることこそ目的である。
ほとんどの場合、危険を知らせそれを回避させる目的に使われるサポートだ。

それはよく分かりました。
では絶対未来視の予知夢の場合はどうなるのでしょうか？

学校でいう校長によるものだ。
正確な未来を教えることは校長にしかできない。
しかも、その未来には限度があり最高校長で二〇年である。

そうですか。未来をそのまま教えることはタブーの様な感じを受けますね。
私は四〇年という未来も見せてくださいましたが、その資格はどなたなのでしょうか？

マスターだ。
マスターとは神学校でいう総合校長と思えばいい。

では、今お話していただいてます神様はマスター様ですか？

そうだ。
お前には夢のすべてを体験させる必要があったのだ。

それはなぜでしょうか？

この本のためだ。

やはりこの本は夢世界だけでなく、別の役割があったのですね。
薄々感じていました。
この件はこれで質問は辞めます。
いろいろ疑問が理解できてきました。
これから別の質問をしたいのですが、この宇宙の創造と本質についてです。
神様の存在は確信しています。
私にとりましてこれはもう不動の確信です。

そうしますと、この宇宙や地球、人間などは、やはり神様が造られたことになります。

この宇宙は神様が造られたのですか？

もしそうだとしたら、どのように造られたのでしょうか？　そのような質問を始めてよいでしょうか？


何を知りたいのだ。


最初に伺いましたが、神様は「愛」という「聖（反重力）エネルギー」で、かつ究極崇高な意識エネルギーといわれました。

この宇宙を作るのに、まず最初に何をされたのでしょうか？


お前は夢を深く洞察した。

そして夢が重力に支配されたもの、無重力のもの、反重力のものと三エネルギー場により夢世界が作り出されていると理解した。

万物は三位で形成されている、それは摂理、原理でありお前達のいう宇宙も同じだ。

宇宙も万物も夢も三位というエネルギー場で構成されているのですね。

そうだ、私は「存在した」ただ「存在するすべて」だった。
最初におこなったのは私は私の「対極の存在」つまり、反対なるエネルギーを作った。
お前の言う「物質（重力）エネルギー」だ。
私の対エネルギーである「不安」という物質（重力）エネルギーを最初に生みだした。
「私の本質であるもの」と「私の本質と反対であるもの」が生まれた。
ここに「これ」と「あれ」という概念が生じたのだ。

神様の「聖（反重力）エネルギー」の対極が「不安エネルギー」つまり「物質（重力）エネルギー」ということですね。

そうだ、反重力場の対極、それが重力場だ。
対極が生じると自然とその中間状態の無重力場が生まれる。
陰、陽にはその中間、どちらでもない、どちらでもあるものが自然発生する。
陰中の陽、陽中の陰だ。

三位一体、つまり三状態は一体であり、一体は常に三状態から形成されている。

「私の本質であるもの」「私の本質とは反対のもの」「どちらでもないもの」

この三エネルギー場が生まれたのだ。

お前のいう聖エネルギー、物質エネルギー、創造エネルギーである。


神様の本質の対極を配置されたのですね。


そうだ。

私の本質、聖（反重力）エネルギー場を「大空」と仮定しようか。

その大空に浮かんだ雲、積雲、わた雲、それが物質（重力）エネルギー場だ。

広大な青空に無数に浮かぶ真っ白な「わた雲」

イメージできたかな？


はい、イメージとして大体分かりました。

私達は地球から宇宙を見て、無重力の宇宙が総てだと思っているのですが、その無重力の宇宙の外に、広大な反重力の神宇宙が広がっている、ということですね。

それでよい。

それで「わた雲」はどれくらいの数を作られ、配置されたのですか?

お前達の概念では無数だ。

反重力と重力ですから、わた雲内は無重力となるわけですね。

そうだ。お前のいう「創造(無重力)エネルギー」だ。

創造エネルギーが私達銀河に満ちているのですね。
なるほど、意識としては「愛」と「不安」の天秤でありヤジロベエ。
それが「わた雲」の持つ特性なのですね。
では次になにをなされたのですか?

創造(無重力)エネルギーの波動を下げ、最初に「光」と「時間」を生んだ。

これにより「ここ」「あそこ」「どちらでもない」という視点、「今」「今より前」「今より後」という三位概念が生じた。

次にわた雲の波動をさげ、「不安」という重力エネルギーをより強くした。

わた雲はスピンと対流を生み、お前達がいう素粒子が生まれた。

素粒子はわた雲のスピンと対流で結合を繰り返し、中性子、陽子、原子が生まれた。

それらにより、より重力エネルギーが増加し、やがて物質として結合、銀河が生まれたのだ。


つまり「銀河の入っているわた雲」が無数に大空に浮かんでいる。それが宇宙の姿なのですか？


そう、大空と無数のわた雲。

そのすべてが私だ。

わた雲は物質を「産み育む子宮」「胎盤」となる。


大空とわた雲、つまり聖エネルギーの中に「胎盤」が浮かんでいるのですね。

まるで母体のようです。

母親の胎内、子宮に宿った「生命」。

なるほど母体こそ神様ということですね。

その母体から人間も産まれたということですね。

赤ちゃんも銀河も「同じ仕組み」だったとは感動です。

そうか、創造主が同じお方だから当然といえば当然ですね。

「生命は神の仕組み」銀河も宇宙も生物も「同じ仕組み」が働いていたことが本当に納得できました。

無数の綿雲が浮かぶ大空＝宇宙。それが神様の姿ですね。

では宇宙は無限大、つまり神様は無限大なのですか?


お前はまったく理解できていない。私は「愛」という聖（反重力）エネルギーだ。

光、時間は存在もできない。

つまり、無限という観念もない聖（反重力）エネルギーだ。

お前は最初、次は何をしたかと聞いた。

私には時間も光もなく過去、現在、未来という概念も存在しない。

すべては同時に起こる。

すべては一瞬。

すべてが同時に起こり同時に進行するのだ。


ビッグバンはありましたか？

ない。


やはりそうなのですか。

今までのご説明から宇宙の姿は「定常宇宙」となりますので、そのお答えは予想できましたが、反面、現代宇宙論の否定になります。

なぜこのような理解が人間には生まれたのでしょうか？


お前たちは私の反対のエネルギー「重力」と「反重力」がミックスした胎盤にいる。

結合を繰り返し、より強い結合からさらに強い「重力」を生みだし、その強い重力に支配された銀河に存在するのがお前達だ。

わた雲という胎盤で産まれた強い重力の銀河だ。

その強い重力場からの観測や観察からビッグバンという仮説が生まれた。

膨張宇宙論とかビッグバン理論は、なぜ生まれたのか分かっているね。


はい、赤方偏移観測からの計算です。実際にそう観測されています。


そうだ。お前たちから見る遠方の銀河は「わた雲」「聖エネルギー」「わた雲」「聖エネルギー」つまり重力、無重力、反重力という三エネルギー場を通過しながら観測している。

そこから赤方偏移が計測されている。

原因はわた雲内の創造（無重力）エネルギーが回転しているからだ。

創造エネルギーが無重力となるのは、私の本質（反重力エネルギー）の海の中で重力エネルギーとが相殺した結果である。

創造エネルギーは無重力の透明な海流のようだが、回転しているのは重力エネルギーそのものだ。

その回転する重力場に影響され光は僅かだが湾曲して進む。

遠くの銀河ほど偏移が大きくなるのは、銀河から届く光は湾曲が一度、二度、もっと遠くの銀河からでは三度以上と、このような多重の重力湾曲場を通過する。

光のエネルギーは減少、延ばされ、赤方偏移はより大きく観測される。

ちょうど水に入った光が屈折するようなものだ。

これにより観測した銀河は遠去かっているものとなった。

その速度を計算し、宇宙は膨張する結論が得られたのだ。

この結論からさらに逆算し、導き出されたのがビッグバン理論であり、膨張宇宙論である。

光はもっと遠くになるとより引き延ばされ、やがてマイクロ波になって漂う。

もう光とはいえないほどの、まるで光の化石のように漂う。

それが観測された宇宙マイクロ波背景放射なのだ。


なんだか、定常宇宙論より泡宇宙論の方が表現としては適切なように感じます。

ではズバッと現代科学、現代宇宙科学の最大の疑問をお聞きします。

暗黒物質（ダークマター）とはなんなのですか？


わた雲だ。

それは胎盤となる。

おまえ達はわた雲にいろいろ名前をつけてきた。

エーテル場、ヒッグス場、そしてダークマターと。
わた雲はわた雲であり、お前が言う創造（無重力）エネルギー場だ。

暗黒エネルギー（ダークエネルギー）とはなんなのですか？

私の本質エネルギー。
「愛」という聖（反重力）エネルギーのことだ。

超光速はありますか？

私の本質、愛という聖（反重力）エネルギーには時間は存在しない。
無限速度、いやそれも正しくない。
すべては同時に起こる。
速度という束縛はない。
すべて同時だ。

そうなりますよね、今までのお答えからは。
でも全世界の宇宙科学者、物理学者の最大の謎であり疑問ですし、多くの科学者が解明に挑戦しているのです。
彼らにはその追認といいますか、確認はできますか？

できる。
すでに真空エネルギーは計算できているだろう。

彼らのいう真空エネルギーとは「聖（反重力）エネルギー」のことですか？

そうだ、すでに彼らにはサイコロ一つ程度の空間に含まれる真空エネルギーは、お前達のエネルギー単位でいえば５０の１０６乗ジュールだと計算できている。
だが、観測や追認となると困難だろう。

どうして観測が困難なのでしょうか？

地球資源は限定され、そこから産み出される富、資金にも限りあるからだ。お前達はクォークなどの粗い素粒子の観測でさえ数千億円の資金が観測機器の製造に必要となっている。もっと高波動のエネルギー、時間子、光子では、数兆円以上の資金となってくるだろう。さらに重力子などでは、その観測機器を製造する費用は国家予算レベルとなり、もっと微細な粒子つまり意識エネルギーなどの観測機器には膨大な費用が必要となる。人間は話し合い、それを別のものに使うことを選択するだろう。つまり追認の不可能な段階まで到達しているのだ。

ジュールは仕事エネルギー単位ですが、現在、全世界で一年間に生産される電気の総エネルギーは約10の19乗ジュールです。

そうしますと、サイコロ一つ程度の空間の真空エネルギーは、全世界の年間総発電量の50000000000000000000000000000000000000000000000000000000000000000000000000000000000000000000倍となります。

50の86乗倍というとてつもないエネルギーが、たったサイコロ一つ程度の空間に含まれることになります。単位として理解できない、無限年数分のエネルギーがあることになります。これが

「神様は究極エネルギーを持つ」という意味と理解していいのでしょうか？

そうだ。

聖（反重力）エネルギーはお前達には計り知れない。

その単位の概念さえ理解は難しい。

お前達は、物質である原子による分裂や原子核融合でさえ膨大なエネルギーを産み出すことを理解した。

小さければ小さいほどエネルギーは大きくなる、とお前に教えたはずだ。

曼陀羅の光、エメラルド光の講義でお聞きしましたが、これほどとは想像もしていませんでした。

神様は万能の力ということが、これで納得できました。

もう少し宇宙の質問です。

ブラックホールはあるのですか？

ない。

ええっ、でも観測されています。その位置までも特定されています。

お前は、まだ理解できていないらしい。
銀河は胎盤から生まれたといった。
胎盤は無重力という創造エネルギーの海だ。
私の本質を含んだ無重力という創造エネルギーの海が胎盤内を回転している。
銀河は回転する海に漂うプランクトンだ。
すべての基本はスピンと流れ。
海は回転しエネルギーを吸い、吐き出す。
その流れが胎盤の中に銀河を生み出している。
ところが銀河が回転すると仮定するとブラックホールが計算上では必要となる。
回転しているのは銀河ではない。
回転しているのは創造エネルギーの海だ。
回転する海は渦を巻く。
渦は、より強く物質を産みだしていく。
台風に目があるようにだ。

これが銀河のヘソであり胎盤と繋がっている。

台風の目には何もなく、あるのは青空だけだ。

胎盤の中にあるのは銀河とつなぐヘソだ。

回転により竜巻のように吸い込まれ、はき出された海流がプラズマジェットとして観測され、お前達はその位置にブラックホールがあるはずだと予測した。

それがお前達のいうブラックホールだが、そんなものは存在しない。


ちょっと待ってください。これでは現代宇宙理論のすべてが間違ってることになります。このようなことを誰も信じません。私は変人扱いですよ。そんなことどうして私に教えて下さるのですか？


新しい概念はいつも迫害、弾圧を受ける。

だからお前に夢のすべてを教えた。

夢のすべてが正確な情報としてこの本にある。

半分が君子で、半分が変人となるのかね？

でも、どうして私に変人扱いを受けるような役目を下さるのですか?

お前には予知夢も死後の魂もすべて示した。
そしてこの本となった。
この本のすべてを否定される、ということはない。
夢研究本としては正しく完全だからだ。
人はそれは認めるだろう。
夢世界の正しい姿を伝える役目はお前だけが今はできる。
また、お前には失うものは何もない。
そして、どのような迫害も喜びとして受け入れることができる性格だ。
神秘世界である夢のすべてをお前はこの本で解明した。
世界で誰にもできなかったことだ。
私のこの啓示を信じる人も出るだろう。
なぜかというと、すべての宇宙論、神論はこの本で完成、完結する。
あるのは受け入れるか、受け入れないかの選択だけだ。
迫害も中傷も恐れないお前はこの本を書くという選択をした。

今、それを実行しようとしている。

えっ、私が選択したのですか？

そうだ。お前が選択した。
お前はわたしであり、私はお前だ。
お前は反発しているが、ではお前には失うものが何かあるのか？

（二日後）
すみませんでした。考えましたが、なにも失うものはありませんでした。
よくよく考えましたら、何も持っていないので、何も失うものがありませんでした。
新たな気持ちで質問に入ります。
魂とは何ですか？

魂、もちろん私でありお前だ。
だが、重力という薄いカーテンが間に入って、私とお前はわずかだが遮断されている。

遮断されたお前は、いつしかお前はお前だけだと認識し「私はお前という意識」となる。

そしてお前はお前という意識を確立、自我の種を宿す。

より強い重力で、お前はより固まり、お前の「自我」が確立される。

重力という「不安」の力で固まれば固まるほど、私の本質からは遠のいていくのだ。


重力は仏教でいう煩悩なのですね。


そうだ、重力という本質は「不安」というエネルギーだ。

それが固まれば固まるほど「不安」というエネルギーは強くなる。

無限種類の不安、つまり「煩悩」が生まれ、煩悩が煩悩を呼び込み、さらに固まり「不安」をより強固とする。


万物は三位一体で構成されているのですが、私達の身体で考えますと、身体と身体でないもの、どちらでもないもの、となります。

身体でないものは「魂」ですが、どちらでもないものが「意識」となるのでしょうか？

そうだ物質、反物質、どちらでもないもの、と同じだ。

反物質とは純粋エネルギーであり、「どちらでもないもの」とは粒子（物質）でもあり波（エネルギー）でもある。

意識も意識子という粒子であり、かつ波動の性質を持つ意識エネルギーでもあるのだが、この特性はすでにお前達は量子力学（物理学）として理解している。

だが意識子は光子、時間子、クォークなどの素粒子よりは遥かに微細であり、意識子はそれらの素粒子達に影響力を持つ。

意識子が作用している場では光、時間、素粒子は「粒子」として振る舞うが、意識子が作用しない場では「波」として漂う。

つまり「物質であり物質でないいもの」である。

この両面の顔が「どちらでもないもの」の特性である。

「どちらでもないもの」が波動エネルギーで存在し続けるか、物質として振る舞い始めるかは、すべてお前達の「意識」により決定される。

身体でないもの、つまり「魂」は純粋エネルギーであり「意識」に左右されることはない。

時間のところをもう少し教えてください。

時間は過去、現在、未来を包括する漂ったエネルギーだ。

しかし意識した瞬間、粒子となる。

つまり物質のように振る舞い、時間子（タイムフォトン）となる。

時間が物質として振る舞った瞬間「現在」という感覚がお前達に生じてくる。

時間とは意識が生み出した物質であり、意識しない場、無意識場では時間は存在しない。

意識というエネルギーが時間エネルギーにスピンを与え、時間は時間子、つまり物質のように振る舞う。

これによりお前達は、より時間を意識することになる。

時間を意識すればするほど時間子はより固まり存在を大きくしていく。

やがて時間に囚われる、時間に束縛されるようになる。

お前達は時間を細分化し過去、現在、未来を創造「時間の矢」を確立していったのだ。

現実生活での時間はすべて時間子として振る舞っている。

脳による思考、意識は「物質としての時間」だけを認識するからだ。

一方、時間が止まったように感じる、という感覚は時間を意識していない場、無意識場の特性である。

脳思考と対極の「魂」には「時間は存在しない」ことがお前にも理解できただろう。

なるほど重体で一週間昏睡していた人にとって一週間の日数経過が信じられないのと同じ状態であり、光の働きを観測しようと計測装置を設置すること自体が「意識」の作用を及ぼすのと同じで、時間も意識すればするほど物質化し「現在」という感覚が強くなっていくのですね。

過去、現在、未来という「時間の矢」は私達の意識が作り出した幻ということですか、なるほど、よく分かりました。

物質のように振る舞う時間、時間子（タイムフォトン）の理解がとても難しいです。

時間子は光速度で移動する場では物質として振る舞うことはできない。

光速度に近づけば近づくほど、時間子という姿を維持することはより困難となる。

時間の矢、時間の流れは「場の速度」によって相違する。

光速度の場では時間子は消滅し波動エネルギーとなって「時間の矢」は完全に消滅し、お前達の感覚では「時間が停止した」となる。

超光速場では光、時間は共に対消滅し、私の本来の聖（反重力）エネルギーに帰依する。

えっ、ここでも「対消滅」ですか……。

光の対極は「暗黒」でしょうか。そうしますと時間の対極は「反時間」かな？

だんだん私の理解範囲を超えてきました。


光の存在しない暗黒、時間の存在しない場。

なにかに似ているとお前は感じなかったのか。

私の本質だ。

愛という聖（反重力）エネルギーだ。


ああっ、なるほど。

やっと理解できました。ありがとうございます。

関連質問ですが「思考は物質化する」というのは本当でしょうか？


本当だ。

物質、反物質が定まらない「どちらでもない」という状態は意識に支配される。

煙のように漂っている「どちらでもないもの」は意識子を当てると波動でなく粒子として振る舞い始める。

意識照射により「どちらでもないもの」は粒子、つまり物質のように振る舞うのだ。

木、山、岩、ダイヤモンド、鋼鉄などを遠くから見れば物質のように見える。

微細な眼で観察すれば物質のように振る舞っている波動エネルギーの仮の姿、つまり幻。

それが物質の正体なのだ。


「私は胃ガンか」と心配すればするほど本当に胃ガンを生み出す、どちらでもない天秤状態は私達の「意識という選択」によって決定するのですね。

「病は気から」という格言が本当だったとは驚きです。

別の質問です。

さて、私たちにも「愛」はありますけど、なにか神様の本質と違うのですか？


お前たちのいう愛とは重力の本質から生まれた愛。

「不安」という物質（重力）エネルギーだ。

不安は拘束、独占、束縛を生んでいく。


では神様の愛とはなんですか？

すべて「非」という文字をつければ理解できるだろう。

非拘束、非束縛、非独占などですね、なるほど。
ありがとうございました。ここからは単発的な質問となります。
まず、宗教をどう考えておられますか？

この本を知り、人はどう感じると思う。
釈迦は悟りを開いた直後、こう宣言した。
「信仰から離れよ」と。
その宣言は正しい。

「涅槃」とはなんですか？

本質の私の、つまり聖エネルギーと同化、帰依《きえ》することだ。

なるほど、それはよく分かります。では「悟り」とはなんですか？

万物は重力という不安エネルギーに束縛された存在、と認知することだ。

天国とか極楽、それと地獄は存在するのですか？

ない。

えぇーっ、でも地獄はあると確信していたんですが。

天国、地獄などない。
お前の言う「神様の学校」には同級生、上級生、先生というソウルメイトはいる。
地獄は上級生、天国は先生に相当するソウルメイトが示す「幻」だ。

分かりました。天国という幻ならいつまでもいたいですけど、地獄という幻からは一秒でも早く離れたいと感じます。幻は長く続くのですか？

私の本質「聖エネルギー」に戻ったお前達の魂。

その魂に付着していた「物質エネルギー」というチリもいつか消え去る。
やがて地獄という幻は消え去り、私の本質に帰ってくる。

自殺は悪いことですか？
「いつか」って無限期間かも知れないようにも受け取れますので。
うわっ、神様に「いつか消え去る」と言われますと、地獄ってちょっと怖いですね。

善悪はない。
再度肉体をまとった今生の目的、役割を自殺の経験以外のものに設定していた場合、神様学校の先輩、先生達から反省の機会が与えられるだろう。

そうですか。少し「地獄」を体験させられるようですね。
さて、次の質問です。
神様は石にも木にも山にも存在していますか？

すべてに存在している。

だが石や金属は、より固まって強い重力の幕を下ろして、本質の私「聖（反重力）エネルギー」を遮断している。

人間よりははるかに私と分断された状態だ。

重力の力が大きくなり、より固まればより変化する。

「黒く見える」炭素が「透明に見える」ダイヤモンドに変化するようにだ。

すべては同じであり、今ある状態から、より固まるか、より重力から離れるかだけの相違で、お前や物質は変化し続ける。

それが物質の特徴だ。

胎盤内はスピンし、常に流れている。

あらゆるものは常に動き、変化する。

それが物質の本質だ。


八百万神《やおよろずのかみ》という日本古来の神道ってすごい感受性を持ってたんですね。

一神教の代表、キリスト教やイスラム教のこともお聞きしたいのですが「信仰から離れよ」ということですので、お聞きしません。次の質問です。

離婚が多くなっていますが離婚は悪いことでしょうか？

善悪はない。
釈迦は子供もいる妻帯者だった。
王子という地位、妻子供から離れ出家した。
視点の相違が善悪となる。

お釈迦様は確かにそうですよね。妻や子供の養育責任などを突然放棄したことになります。私達の視点から言えば「超ー無責任な男」となりますよね。二五〇〇年の視点から言えば「偉大な人」。
では結婚はどうですか？

善悪などない。
結婚という形式は「不安」から生れる。
「不安」は「安定」を求め、その「求め」はより強い「不安」を作り出す。
お前達は「不安」という重力エネルギーの中にいる。
そのエネルギーは拘束、束縛、独占という意識エネルギー「欲」を作り出す。
結婚とは「独占欲」「拘束欲」「束縛欲」が作り出した形式でしかない。

なんだか結婚をそのように言われますと、寂しい気分もします。

次の質問です。

アカシックレコードというのは存在しますか？

私の本質「聖（反重力）エネルギー場」には時間という概念はなく、現在・過去・未来はすべて織りこまれている。

私の本質にも、当然お前の魂にも織りこまれているのだ。

お前の魂にアクセスすれば個人的な過去・未来情報を知ることになる。

アカシックレコードという名前自体は、ヨガ、瞑想などにより回路を開いたごく一部の人間が導いた空間的概念で、私の本質エネルギー場を表現したものだろう。

だが空間的概念としては正しいのだが、瞑想、禅、ヨガ、ドラッグなどの共生、共時意識による時間子（タイムフォトン）へのアクセスによるものだ。

アクセスした過去は「すでに物質化された過去情報」なのだが、未来はお前達の意識による「創造途上の未来」となる。

もう少し詳しく教えてください。

大木、いや座敷ほうきのようなものだ。
一本のほうきの柄が過去、ほうき本体を未来と考えればよい。

数千本のイ草が未来なのでしょうか？

そうだ、一〇年先の未来ともなるとイ草の数は数京本におよぶ未来像だ。
お前達の選択意識照射により作り出される無限数の未来像が時間子（タイムフォトン）に刻まれていく未来である。

ではアカシックレコードにアクセスして知る過去情報は正確ということですね。しかし一〇年程度の未来情報でさえ、数京本の中にある一本の未来ストーリーを視ることに他ならないという事ですか？

そうだ。

では覚醒未来視はどうなっているのですか？

個人での近未来像は、一時間後ではせいぜい数本から数十本のイ草程度の未来拡散途上にあり、物質化されつつある比較的正確な未来ビジョンといえるだろう。

だが一〇日以上の未来となると幻に近い未来視となろう。

いずれにせよ正確な未来をお前達が知ることはできないような仕組みと理解することだ。

正確な未来情報は神様学校の校長以外からは受け取ることができない仕組みなのですね？

そうだ。

必要な場合のみノンレム睡眠回路を通じて校長より与えられるのだ。

うーーーん、難しいですね。そうしますと四〇年後の未来を私は見せて頂いたのですが、無限数の分岐（拡散？）未来から、どうやって正確な一本のイ草を神様は選ぶことができるのでしょうか？

まだ分かっていないのか。

私の本質場には時間子などはない。

私には未来も過去もない。
すべてが同時なのだ。
すでにお前達の言う未来も過去もすべてが「今、現在」としてあるのだが、重力エネルギーで束縛されたお前たちには封印されたものだ。

あっそうでした。すでにお聞きしていたことですね、失礼しました。
やはり神様との正しい回路を開くには、瞑想でも禅でも催眠術でも不可能であり、ノンレム睡眠という道を通るしかないのですね。

そうだ、お前達の言う脳死（脳波停止場）状態が私への道を開くのだ。

では瞑想、禅、催眠、ヨガ、ドラッグなどから得られる情報とは一体なんなのでしょうか？

お前のいう境界意識は魂であり脳である意識、つまりどちらでもない中庸意識場だ。
これは創造意識場であり、お前達の意識はそこに神々、仙人、賢人、龍神などありとあらゆる創造像を造り出しているのだ。

また神学校のソウルメイト達とも交信しサポート情報を得ることもあるだろう。

もちろん過去情報は正しいものだが、正確な未来を教える資格を与えられていないことを忘れてはならない。


ではチャネラーとはなんなのですか？


無数のわた雲の中にある無数の銀河は子宮だ。

そこにはあらゆる生命が誕生し存在する。

神学校のソウルメイトだけでなく、そのような生命体との交流をする人をいうのだろう。

だがすべての生命体はわた雲という重力エネルギーに束縛された存在であり正確な未来情報を得ることはできない。


よくわかりました、では別の質問です。

夢研究から理解したのですが脳つまり、身体と魂とは、どうして何もかも正反対なのでしょうか。


私の本質「聖（反重力）エネルギー」と対極にあるものだからだ。

物質は光、時間により束縛され、重力により拘束された存在だ。
魂は光、時間、重力には干渉も影響も受けない対極の存在である。

光と時間によって人間や物質は束縛されているのですか？

そうだ、私の本質「聖（反重力）エネルギー」の対極にある「有限」を知る尺度である。
「有限」が存在して、私は「有限と反対概念」を経験した。

なるほど、よく分かりました。
ところで過去、現在、未来が織りたたまれている、ということがよく分かりません。
もう少し詳しく教えてください。

お前に説明したはずだ。

ええっ、そうですか……。多分、エメラルド色の講義でしょうね。
実はあの講義は長くてほとんど内容は思い出せません。講義を受けていた時は納得してたのですが、目覚めて忘れていなかったのが三つの内容と、中心光がエメラルド色ということくらいなのです。すみませんがもう一度お願いします。


光は数億色が織りたたまれて透明なものとしてお前達には認識できる。

過去、現在、未来も同じように織り込み、たたみ込まれている。

だがそれを左から右に、過去から未来と流れる時間というような「線」というイメージで捉えてはならない。

時間は光と同じように時間子の一粒一粒に数億、数兆の過去、現在、未来が織り込まれている、とイメージすればいいだろう。


うーーーん、難しいです。すいません。


そうであろう。

これは一番説明しにくいところだ。

たとえばお前が公園の芝生で遊んでいるとしよう。

太陽が輝き明るく暖かな公園。

お前は光に満たされている。

だが、包み込んでいる光がお前には見えるだろうか？


いいえ、太陽の日差しに包まれていることは実感できますが、光は見えません。


そうだ。お前を包み込んでいる光とは粒子、素粒子つまり光子だ。

見えない光子がお前や公園を包み込み輝かせている。

その光子と同じく時間子一粒一粒には数億、数兆の過去、現在、未来が織りたたまれているとイメージするのだ。

光子のように空間すべてに見えない時間子（タイムフォトン）が存在している。

そこにすべての時空が「ただ現在にあるものとして」織りたたみ込まれて存在する。

過去、現在、未来は存在せず「今この瞬間」に包括されたものであり、数億色の集合した光を「ただ一つの光」として感じるようなものだ。


なるほど、イメージとしては分かったような気がします。

光や時間だけではない。

エネルギーも同じだ。

中心光のエメラルド色に全世界の年間発電量に相当するエネルギーが存在することは説明した。

それが数兆、いや数京以上の「光色が織りたたまれた透明光」のように見えない状態で空間を覆い尽くしている。

それが私の本質、聖（反重力）エネルギー場のイメージだ。

だが聖エネルギーは超微細粒子という素粒子系ではない。

純粋な「エネルギー場」だ。

これもお前には講義したのだが、忘れたのだろう。

織り込み、たたみ込み、という概念、感覚を理解できたかな？

はい、多分。それにしても曼陀羅と中心光（エメラルド色）の講義は長くて忘れていることが多くお許しください。

だんだん難しくなって、理解が大変になっています。これで最後の質問とします。

なぜ光の速度を一秒で三〇万キロと定められたのですか？

光の速度は相対的なものだ。

私の本質、聖（反重力）エネルギー場ではお前達のいう無限速度だが、最初に物質（重力）エネルギーを私は創造した。

この重力場での速度が毎秒三〇万キロと観測され、お前達の知識となっている。

しかし大気中、水中では光速度は減速する、つまり場によって変化する相対的なものだが、私の本質から対極の有限を計測する物差しと考えればよいだろう。

光速度をお前達の単位一ミリメートルと仮定すればよい。

計測単位があって初めて距離や空間の大きさを知ることができる。

有限を計る尺度、物差しである。

光も時間も重力エネルギーが支配している。

重力エネルギーは私の本質とは対極のものだ。

これはこれは、ますます難しくなってきました。降参です。

最後の最後、神様って一体なんなのですか？

私はただ存在する。

存在するすべてのもの。

ただそれだけだ。

私は常にお前達のそばにいる。

私から離れないように。

いつでも私に帰ってきなさい。


これにて質問は終わります。ありがとうございました。


私としてはイエス、ムハンメドに対して質問も多く、聞いてみようと考えたのですが「信仰から離れよ」という宣言が正しい、と神様。

私の疑問の一つは「何故これほど宗教対立や戦争が多いのか」ということです。

神様の回答はだいたい予想できます。

宗教こそ「不安」という物資（重力）エネルギーが生み出した「象徴」だからでしょう。

イエスは確かに神様の姿を伝達しようとした。しかし「迫害」に遭う。

その「迫害」という不安が生み出す意識パワーこそ「宗教の源」ではないのでしょうか？

エピローグ

筆者、そう私は夢を見て「不思議」と思った。

そして夢を知りたくなった。

夢世界のすべてを知りたかった。

ただ、それだけ、だった。

今思いますと「夢世界のすべて」を体験し、すべてを知るためには「神様のサポート」がどうしても必要だったのだ、と確信しています。

夢世界にはノンレム睡眠中に見る夢も含まれているからです。


ノンレム睡眠という意識状態。

私達は睡眠中、このノンレム睡眠に必ず入ります。

このノンレム睡眠が「神」と繋がる道なのです。

私はこれが、「神」の一員だったことを忘れないための「回路」だったと知り、本当に驚いています。

神様は「私から離れるな」となんどもいいました。

私達が離れないために毎晩毎晩、私達全員に「帰ってきなさい、忘れてはダメですよ」と伝えているのです。

迷える子羊。

私達は、正に「迷える子羊」なのでしょう。

現在、世界は迷いに迷っています。

科学、宇宙科学、量子物理科学の一面でも同じです。

「神」を信じるか
「神」を信じないか

すべての解答がこの選択によって決定されます。

「神」を信じたなら、「宗教」「信仰」から離れ、「神」だけを見つめればいいのです。

「神」の存在を信じれば、神が宇宙も人間も創造したことが分かります。

神にはそれが「一瞬」の創造だったと、理解できるのです。

「神」を信じない場合、それは膨張加速する宇宙観に振り回される宇宙学者のように多くの迷い、戸惑い、巨大な障害物に向かっていくようなものです。

このような「迷い」は地球、全世界を暗い雲で包み込みます。

私達は何者か、どこから来て、そしてどこに行くのか。

人間にとって最大の疑問、この問題にもこの本で神様は「解答」を指し示しています。

「神は存在します」

「神はそこにいます」

私は毅然と宣言します。

神を信じ、睡眠を大切にしてください。

ソウルメイトと出会う体験をしてほしいのです。

この現実世界で出会える神様からの使者、それがソウルメイト、別名エンジェルです。

癒され、不思議な安らぎに誘ってくれるソウルメイト達。

アロマテラピー、癒し空間の一〇〇倍ものヒーリングパワーがあなたを包む込んでくれます。

出会った幸せ感は一生あなたから離れません。

夢に関心と、興味を持ってください。

それが一番の近道です。

癒しの世界があなたを待っています。

どうぞノンレム睡眠を大切にしてください。

「信仰から離れよ」

「神を信じよ」

「宗教から離れよ」

「神はそこに存在する」


♪　おいおい、この素敵なホテルから出たいって？

こんなに楽しく過ごせるホテルなんかどこにも無いぜ。

そりゃ出るのは自由。

でも、きっとお前は出られないさ　♪


イーグルス「ホテル　カルフォルニア」がＢＧＭで流れています。

私はハーブティを楽しむため、これにて筆を置くことにします。

235U
1

文中で使用した用語補足

本文ではできるだけ内容を凝縮してお伝えしたく、文言の説明を省略した形で進行させました。

使用文言のＳＳ研究会的解釈や補足が必要なためここで、付随として用語補足をいたします。

運命の人

あなたの魂の対《つい》となる魂を「運命の人」といい、身体を持った現実世界とは無縁です。

二つの魂が一つになり、聖エネルギーに戻る対の相手が「運命の人」です。

あなたの死直後、あなたを迎えるように合体します。

仏教でいう「涅槃《ねはん》」。

この対の魂と出会うには、身体を持った現実世界で七名すべてのソウルメイトに出会うことが必要です。

最後に出会うソウルメイトは、魂の合体の必要性、重要性をあなたに気づかせ、それを望ませるという役割を持っています。

他の六名のソウルメイト達との関係回路は色で申しますと「透明」です。

性欲は感じず、深い安らぎと癒しを与えてくれる人達。

最後のソウルメイトには性欲ではないのですが、深い合体欲を持つことになります。

その合体欲は透明な薄い赤色の回路となり、あなたと繋がっています。

これが「運命の赤い糸」と呼ばれているものです。

この異性は身体を持って出会える最後のソウルメイトで、普通「運命の人」といわれていますが、真の「運命の人」とは対の魂と合体し「涅槃」に入る対魂のことなのです。

七名のソウルメイト、七名のエンジェルは同じ人達で、あなたの魂を引き上げるためサポートをしてくれる精霊達です。

運命の人に出会うには、まずあなたの今生の人生での役目、役割を達成、完遂することです。その達成への神様からのプレゼントが「運命の人」なのです。

Taepo
2
조선민주주의
인민공화국
2
dong

シンクロニシティ

競馬テレビ中継のゲストとして東京から北九州小倉に向かったタレント、桜井聖良さんの出来事を一例としてご紹介しましょう。

「競馬ＢＥＡＴ」という競馬中継番組でゲストは、その日の小倉、新潟、函館メインレースの勝ち馬を予想するという企画でした。

小倉に到着した彼女は早速「予想」作業に入りました。

生放送開始直前、友達から写メールが送られてきたのです。

その写真は「虹」で、あまりに綺麗に撮れたので、と友達が送ってきたものでした。

レースが開始され次々と予想するのですが、最終のレースだけは迷って悩んでいたとき、突然友達の写メールを思い出したのです。

そこで名前に「レインボー」とついた馬「レインボーペガサス」を選びました。

この結果、生中継の競馬番組「競馬ＢＥＡＴ」で五つのレースすべての勝ち馬を的中するという奇跡が放映され、その偉業は競馬ファン伝説の一つになりました。

もちろん友達は彼女が小倉競馬場にいることも、そもそも競馬をまったく知らない、興味もない女子大生だったのです。この事例は二〇一一年八月七日の出来事でした。

このように、シンクロニシティは「偶然」の出来事が何かしらの作用力となって現れる現象をいいます。

本書では神様学校の同級生、上級生からのサポートと説明していますが、このシンクロニシティ現象に感謝し神様の学校に戻ることが多くなりますと、実際にソウルメイトとの出会いも近づいています。

もう一つ有名な事例。

アメリカのネブラスカ州、一九五〇年の出来事。

夜の七時二五分、教会が事故により突然爆発、崩れ落ちたのです。

この夜の七時二〇分から賛美歌の練習で一五名の信者が集まる予定でした。

全員まじめで、それまで遅刻などは一度も無かったのですが、その夜だけは各々なにかしら些細なことが原因で遅刻するのです。

その遅刻理由は実にまちまちで、指揮者の牧師夫妻は娘のアイロンがけに手間取ったため、ほかの人も子供がなかなか起きなくて、算数の宿題に没頭してて、車が故障して修理……などなど。

結果、全員がその災害から逃れられたのです。

遅れて到着した教会の惨状を見て一五名はただ呆然。

一五名同時におこった偶然による遅刻だったのです。

シンクロニシティは「意味のある偶然の一致」といわれています。

しかしSS研究会ではシンクロニシティはあくまで「兆候」に過ぎず、これに心を奪われたりしないことが大切と考えています。ただ「神様に感謝」して忘れ去ることです。

このシンクロニシティにこだわりますと、総てが「偶然の一致」として捉える病気に陥ります。

「たまたま彼は偶然、秋田で友達にもらったライブチケットを持って上京、渋谷にきた。私はたまたま遅れそうになり走ってホールに向かってた……。そこで偶然彼と接触してバックが落ちて、彼が拾ってくれて、そして……」

などと、それがあたかも「偶然の出来事の積み重なり」などと思い込んだりもします。

そして彼こそ「運命の人」などと決め込んでしまうことにも。

これを〝シンクロニシティ症候群〟と私達はよんでいます。

この世の出会いも出来事もすべて、この考え方に適用することが可能なので、この病気になりますと手当はありません。

ハッキリ言えますことは真実のシンクロニシティを体験する人達は「神様への感謝」を知り、より上に向かっている自分を自覚しています。

「感謝」はするのですが、ただそれだけです。ただ「アーメン」のみ。

決してこのようなものに関心も心も奪われないことが大切でしょう。

シナイ山の神

神様は最初にその本質とは正反対のエネルギーを作られた。

それは「不安」という重力エネルギーでした。

そして銀河、人間など物質が生まれたのですが、「愛」を本質とする神学校にはソウルメイト、エンジェルなどの精霊系の先生達がいます。

しかし重力の魅力に負けた「堕天使」達も存在します。

「愛」学校系は非束縛、非拘束，非独占が特徴でしたが「堕天使」には束縛、拘束、独占などの不安（重力）エネルギーが支配します。

シナイ山でモーゼは「十戒」が刻まれた石版を受け取ります。

「○○せよ」「○○に反してはならない」

このような戒律、制約的要求は束縛、拘束、独占、嫉妬系の象徴で、神様はそれを「色々なタイプの先生達」と表現されました。

「生後三〇日以内の子羊を毎日捧げよ」との要求を、エジプトを脱出したユダヤの民は守ることになります。このような貢ぎ物、捧げ物などの要求姿勢も堕天使系先生の特徴となります。「愛」学校の場合、その愛は非独占愛、非束縛愛と癒しですが、「不安」学校の場合は「激情の愛」となります。

激情的愛は私達には馴染みの深い愛スタイル、そこからドラマも生まれるのです。ドキドキ、ハラハラ、高まる胸の鼓動、狂おしいほど好き、抑え切れない想い、ここからカンツォーネ、恋歌ともなり、また恋愛小説や恋愛映画となっていきます。

「ああ、あなたに恋心奪われて、もっと愛を、私に仕掛けてきて……」

「愛してー、誰よりも強く、私を、私一人を!……」

甘くも苦しい恋の世界が繰り広げられるのは「不安」という重力エネルギーで支配されている物質世界の特徴であり「善悪」による比較や価値判断ではありません。

だからこそ楽しいのです、変化があるのです。

でも激情系愛、つまり物質愛は独占、拘束、束縛が支配しています。

愛の憎悪、嫉妬、激しい独占拘束欲は地獄をも作り出し、恋のもつれから生じた殺人や傷害事件のニュースが流れ続けることになります。

さて、シナイ山麓でモーゼの帰りを待っていた民達は金を集めて黄金の牛像を造ります。

これに激怒したモーゼはその像を壊し、二〇〇〇人もの民を殺します。

怒りを買ったユダヤの民は、その後四〇年間荒野を彷徨《さまよ》うことになるのですが、ＳＳ研究会ではモーゼがシナイ山で出会ったのは堕天使である、ルシファー、サタンと私達が呼ぶ先生だったと分析しています。

「えええっ、モーゼが出会った神がサタンですって！」

「はい、どのように分析しても、そうとしか……」

「そういえばノアの箱船も全地球生物の抹殺を意味しますよね」

「エジプト、ソドム、ゴモラ、エチオピア……、なるほどなるほど、そうかも……」

全世界がこれほどギクシャクし、路頭に迷っているような現代社会を生み出したものとは何か。もし聖書や教典に於ける神が堕天使やサタンだったとすれば、堕天使、サタンに捧げた数十億の祈りから発せられる巨大な暗黒パワー、その暗雲が全世界を包み込み、ますます混沌とし、不可解で出口の見えない現在の世界情勢を生み出しているのではないでしょうか？　嫉妬深く残忍な神々の姿を描く聖書や教典をあなたはどう思われますか？

私達人間は「魂」と「意識」が本質です。

この「意識」は自我を産みだし、堕天使、ルシファー、サタンをも生み出します。

つまり「精霊」から「サタン」「悪魔」という多面性を内包する存在、それが私達人間の特徴でもあります。

アメリカのロスアンゼルスという街は「天使の降り立った街」と呼ばれています。天使に祝福された街というわけですが、ロスアンゼルスはロス＋エンジェルス、つまりエンジェルを失った街という名前が付いています（現地ジョーク）。

天使が街に降りてしまったので、神から見れば失ったということになるのです。

「善悪」も見方の相違から生まれるものです。

モーゼがシナイ山で出会った神が堕天使、ルシファー、サタンという先生ですが、見方を変えれば、その時代のユダヤの民にとってはサタンという強力パワーが「必要な存在」だったのかも知れません。

なお、モーゼはモーセとも使われていますが、ユダヤ教ではこのモーゼと唯一神「ヤハウェ」とかわした約束「旧約」、つまり「旧約聖書」別名「トラー」を聖典としています。

OIL
3
ישראל
3
CIA

死後の世界と輪廻転生

ＳＳ研究会から見た「死後」は二つのタイプに別れるようです。

一つは「わた雲」に残る魂、もう一つは「わた雲」から離れる魂です。
九九、九九％は「わた雲」に残りますが、この世界でソウルメイト達と共に過ごし、やがてもう一度肉体をまとい、いわゆる輪廻転生を繰り返します。
「わた雲」から離れる魂とは神様の本質「愛」というエネルギーに帰ることを意味します。

貴方はどちらの世界がいいですか？


私は現実世界でソウルメイトと出会い、癒されて、死後もソウルメイト達と過ごす天国の方が良いと感じています。

「涅槃」は幸せなのでしょうが変化もなく、なんだか私にはつまらないと感じてしまうのです。

でも「繰り返し見る怖い夢」を消去しないで生きるという選択は絶対にイヤです。

現実生活で苦しみ、寝ても苦しく恐ろしい夢が多いというのは、ちょっと避けたいです。しかも死んだ後でも、そのような夢を強制的に見なくてはいけないなんてゾッとします。

ところが夢に興味も関心もないという方が多いのも事実です。

すべては貴方の選択に掛かっているのですが、どちらの世界を選ぶのかはあなたの自由です。

もう一度お聞きします。

貴方はどちらの世界、どちらの生き方が良いのでしょうか？

現代宇宙科学の迷い

インフレーション宇宙理論、ビッグバン宇宙理論は有名です。

特異点から爆発によって宇宙は誕生したことは常識になりつつあります。

ところが色々矛盾する観測も多く報告され始めました。

宇宙の誕生は一三七億年前と仮定されていますが、一二九億年の銀河が見つかったり、もっと遠くにも見つかったという報告も多いのです。

最近では宇宙は加速しながら膨張しているように観測され、あり得ない結果に世界中で議論が興っています。ビッグバン理論が正しいと仮定すると宇宙は加速膨張を続け、その速度は無限大となります。ここでも〝特異点〟という、科学者なら決して使ってはいけない用語〝無限大〟を考えざるを得なくなっています。

そして宇宙はあまりの膨張速度の大きさでバラバラに飛び散ってしまう、という予測も出ているのです。

無限大とはもちろん超光速のことで、その何倍と表現できないほどの「無限の速さ」となります。

ブラックホールも同じで、大きな星が重力崩壊し、どんどん小さく成りながら重力を大きくさせて、最後には見えないほどの粒子になる。見えないけれども「無限大の重力」を持つ「特異点」こそブラックホールだ、としています。

境界面にあるあらゆる物を吸い込み、光さえ脱出できない、といいます。

この説明ならまだ納得もできるのでしょうが、その吸い込んだものをプラズマジェットとして吐き出すというのです。無限大重力という特異点から吐き出すとは一体どのような事なのでしょう。プラズマとは陽イオンと電子に電離したものでしかない。

光さえ脱出できないほどの重力から、そのような素粒子は脱出不可能です。

無限大重力とは正に特異点で、そこには総てが落ち込むのです。吐き出すことなどできないから光までも吸い込まれるのですが、頭がダッチロールしそうな説明を平気でするという矛盾に満ちた状況です。

このように現代宇宙科学は奇妙な発表、研究論文で溢れています。

正にパニック状態なのが実情といえます。

それに引き替え、本書で神様が語った宇宙の姿はとてもシンプルでした。

銀河は神という母体の子宮に息づく生命だったのです。

人間も宇宙も神は「神に似せて」作られたのです。

無重力という創造エネルギーは、正に母なる子宮、「羊水」だったのです。

信仰から離れよ

釈迦は紀元前五〇〇年頃に現在のネパールで生まれたのですが、私達には馴染みの深い方です。

この釈迦が「悟り」の直後に発した言葉が「信仰から離れよ」とされています（前述）。

信仰こそが一番強い煩悩だと見抜いたのです。

本書では最初に出会うソウルメイトの役割は「強い正義的信念というチリを払う役目」だと説明しました。

一見正義的、正しそうに感じてしまう強い自我。

これこそ最大で最強の煩悩なのです。

信仰はこの代表であり見本です。

釈迦は自分が悟った内容を弟子に話しただけですが、それをもとにして、その後「仏教」が誕生したのですが、釈迦は「宗教を無視せよ」とは言っていません。

ここがとても重要であり、キリスト教、仏教、聖書、仏典、コーランなど勉強することは悪いことではありません。

「信仰する行為」が「最強煩悩」だということです。

仏教はＳＳ研究会のいう「神様の学校」にとてもよく似ています。

その学校には幼稚園、小学校、中学校、高校、大学があると説明しましたが、仏教でもそのような先生がいます。下から阿修羅などの使い、毘沙門天などの天、不動明王などの王、観音菩薩などの菩薩、大日如来などの如来と五段階になっています。

神様の学校で中学校に相当するのが不動明王などのちょっと怖そうな先生です。

中学生という不安定で非行にも陥りやすい段階に、ちょっと怖い先生が指導するように感じられて「なるほど、最適かも！」と感心しています。

「信仰から離れよ」と本書でご紹介していますが、宗教や釈迦、イエスキリスト、ムハンメド、孔子など興味を持たれて勉強されることはＳＳ研究会でも大いに推奨します。

「信仰する」ことが「最強の煩悩だ」と説明していました。

実は筆者もかつてこのような強い思いこみがありました。

娼婦、売春行為の否定と、韓国人はキライという「強い思いこみ」があったのです。

ところがアメリカ　カルフォルニアの少し南にある小さな飲み屋さんで最初のソウルメイトに出会いました。その人が「アメリカンコリアン」で「娼婦」だったのです。

もう二五年も前のことでしたが、それ以来綺麗さっぱりその煩悩は消え去りました。

「〇〇教」「〇〇宗」などを信仰することが「煩悩だ」との内容には疑問を持たれる方もおられる

でしょう。

社会の流れをスムースに循環する約束事程度の利用や関わりは当然良いことです。

たとえば、お葬式、お盆、結婚式、初詣、七五三などです。

ただ「信仰に浸からない」「信仰に影響されない」ことを釈迦は「信仰から離れよ」といったのです。

信仰に影響されますと、「排他心」「差別心」などの不安エネルギーが生じ、更にグローバル的には国家対立、戦争等を生み出すことになります。

この機会にこんな事も考えてみるのも良いかも知れません。

出口なお
大本教開祖、一八三六年生誕。お筆先（自動書記）によって神の啓示を賜ったとされる。

ニール
ニール・ドナルド・ウォルシュの略。一九四三年生誕のアメリカ人。
自動筆記による代表作「神との対話」著者。

HOR
4
ישראל
MUZ
4

イーグルス

イーグルスの「ホテルカリフォルニア」の歌詞を一部引用しました。「ホテル　カリフォルニア」は、哀愁漂うメロディとドン・ヘンリーのボーカルで大ヒットした曲です。歌詞は筆者の勝手な解釈ですので、実際とは少し違うかも知れません。

歌詞に「彼女の心はティファニーのねじれ、彼女はメルセデスの曲線を持っている」というのがあり、これを筆者は「快楽主義の生活」と解釈しています。

別の歌詞で歌の主人公は理性を保つため、あるいは現実に戻るため、ホテルのボーイ長にワインを頼みますが、「私たちは一九六九年以来のスピリット（酒）をここには置いていないんです」と言われます。

歌詞でのスピリッツはお酒に「魂」の意味も含めているなど、歌詞全体の解釈は多岐にわたっていますが、とても興味深い曲です。

筆者はこの「ホテルカリフォルニア」が大好きなナンバーなので本書で引用いたしました。

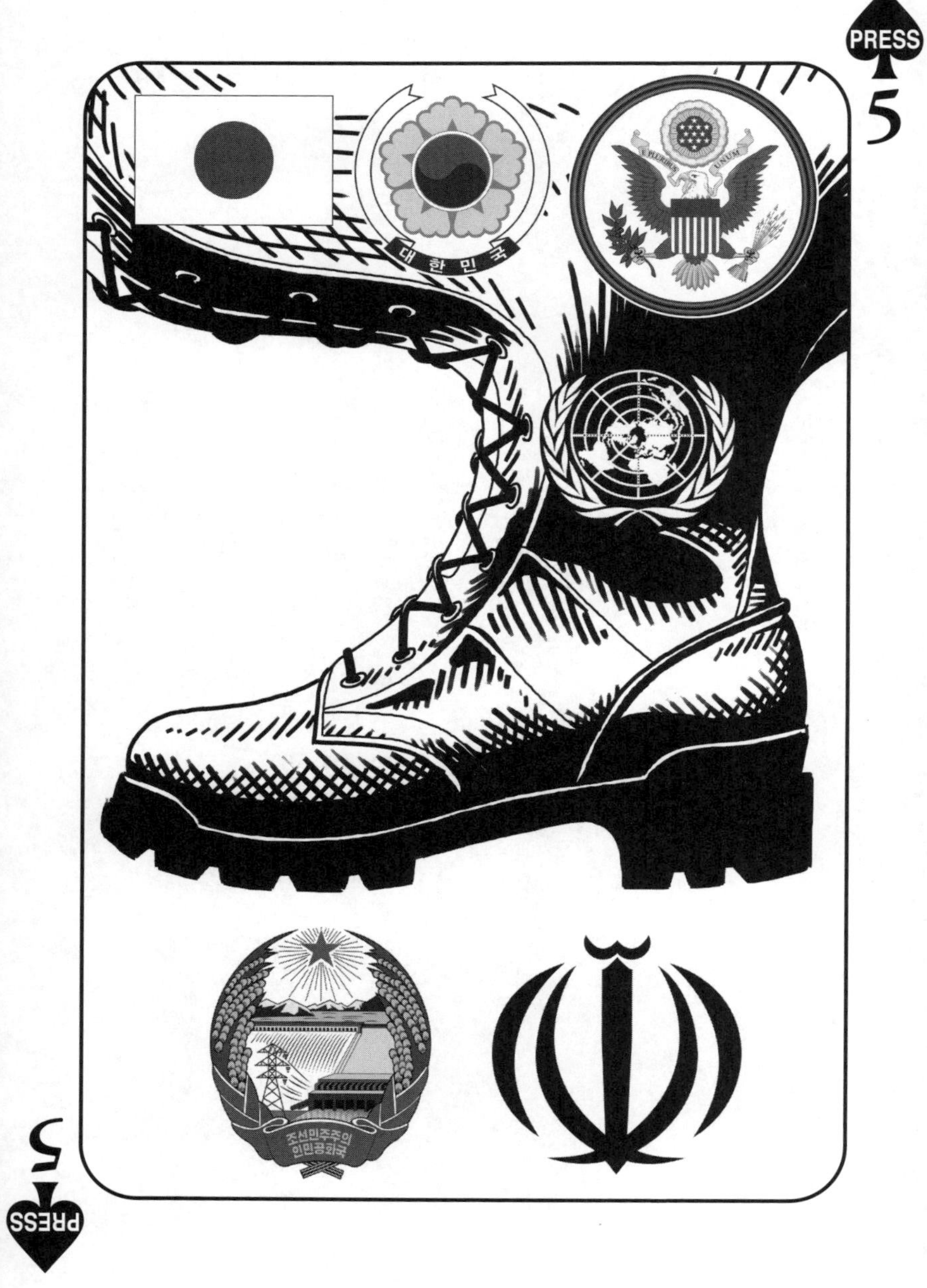
PRESS
5
대한민국
E PLURIBUS UNUM
조선민주주의
인민공화국
5
PRESS

ＳＳ研究会

ＳＳはスピリチュアルサイエンスの略でＳＳ研究会の基本理論は、力のすべてを粒子として考えます。

つまり丸い玉として、その粒子の大きさが一番大切としています。

粒子が小さければ小さいほど貴重、高貴、高エネルギーだとする理論です。

この理論は「神様からの夢での講義」から生まれました。

小さい粒子は大きい粒子に影響力を持ちますが、反対に、大きい粒子は小さい粒子には何も影響力や関与はできません。

たとえば重力は光に影響を与えることができますが、光は重力にはなんの作用も及ぼすことができません。

究極の素粒子は意識で、特性は無重力です。

魂からは反重力となります。

聖エネルギーとは神です。

聖エネルギーが重力や物質によって僅かに分断されたのが魂であり、個人個人の魂としての役割を担います。

魂の特徴は当然反重力（マイナス重力）です。

聖エネルギーは粒子ではなく純粋なエネルギーで、意識からは粒子エネルギーとなります。意識子、重力子、光子、時間子、クォーク、電子、陽子、中性子、原子。

この視点からすべてを考えるのがＳＳ理論です。

夢の中では無重力、反重力感覚も体験します。

これは魂が、物質である脳の影響から脱出し始めたり、強い浮揚感は、魂が完全に重力から離れて自由になったことを意味します。

夢の分析に重力、無重力、マイナス重力が重要な要素となってくるのです。

物質を構成する原子は原子核と電子からなり、原子核をバレーボールの大きさと仮定しますと、東京駅にバレーボール、電子はごま粒程度の大きさで位置としては小田原付近にあるようなものです。

物質とは九九・九九％スカスカ。実体は一％にも達しません。

銀河、地球、人間、山、石、ハンマーなど物質のすべては神の子宮内を満たす創造エネルギーという羊水に浸った煙のようなものなのです。

煙が薄いか少し濃いかの相違だけです。チタンやダイヤモンドは少し濃い煙というところです。

幻のような存在が集まり重力をより強くして必死に団結、凝結している煙、それが物質の真の姿なのです。

SS研究会から見た「神」

「不安」という重力エネルギーで覆われた地球に住む私達。

釈迦は「四苦八苦」と諭し、最初の大きな苦が「生」だ、としています。

生命として生まれる事が「苦」だと説いているのです。

人命救助に向かった先での災害死、介護に疲れ果てての殺人や自殺。

そんなニュースが日々流れています。

ある日突然「魔女」といわれ殺された何百万の人達、考え方が違っただけで虐殺された全世界、何千万もの人達。

処刑台や極悪の牢獄で必死に神に祈ったでしょう「何故ですか」と。

あまりの理不尽な悲劇に私達は絶望します。

あのイエスでさえ処刑前に「神よ、我を見捨てたもうたか」と叫んだことが、聖書に記されています。

「神がいるなら、きっと助けるはずだ」

「神が存在するなら、このようなことを許さないはず」

私達はそう感じ落胆します。

筆者は今回「マスター神」からの啓示で知りました。

「神」とは、確かに本質としての「神」は、「愛」であると。

しかし、「神」は「不安」も含んだ存在だったということです。

一番の驚き、それは「神」からは私達に「能動的」には決して手を差し伸べない、という事です。

「神」とは「愛」「不安」をベースに「天使　悪魔」「天国　地獄」「明　暗」「陰　陽」「素粒子　反素粒子」「物質　反物質」などあらゆるものが「神の一面」であり「神」を形成しているのです。

「神」とは晴天候であり悪天候だったのです。

さわやかな風でもあり荒れ狂う暴風、それが「神」の姿なのです。

決して神からの「能動的救いの手」は有りません。

一方、「神」はこうも言いました。

「私から離れるな」

「私に帰ってきなさい」と。

私達から積極的に、神に近づき帰らねばならないのです。

しかも「信仰」から離れて。

「信仰」から離れて、「神」に近づかない限り、どのような「神のサポート」も得られないのです。

では神のいう「信仰」とは何か、となります。

ＳＳ研究会では「神のいう信仰」とは「欲」だ、と理解し説明しました。

「私の息子が合格しますように」

この一見純粋そうな母の願い。これも「欲」です。「自我欲」「差別欲」なのです。

「名誉欲」「出世欲」「金銭欲」「幸福欲」「差別欲」「排他欲」「生存欲」「物質欲」。

これらの権化《ごんげ》「宗教世界」からの願いなど聞き入れるはずがないのです。

では、「信仰」から離れて「神」に近づくには一体どうすればいいのでしょう。

「神」はいいました。「道を置いた」と。

その道が私達人間全員に公平に設けられた「ノンレム睡眠」という道でした。

禅や瞑想と違ってお寺に泊まることも道場に行く必要もありません。

「無信仰」「無欲」になって、睡眠中にやってくる「ノンレム睡眠」という意識回路を進むことが、

「神」に近づくスーパーひかり「のぞみ号」への乗車券だったのです。

「ええええっ、それじゃ必要なお金がゼロでスタートできるじゃない！」

「はい、今夜からすぐに乗車できます。無料で回数無制限のチケットですから」

「タダで無制限ですって！　オーマイゴッド！」

235U
6
조선민주주의
인민공화국
ישראל
6
235U

執筆後記

「人は誰で、どこから来て、どこに行くのか？」

人間の素朴で最大の疑問がこの問いです。

神様のような方からサポートを受け、本書は完成しました。

筆者として本書を客観的に見ますと「神様」は、この問いに対し的確に指針を示した、と感じています。

この問いに対する神からの解答。

それがこの本の目的だったと今では確信しています。

私が一番注意を払ったのは、各問いへの回答は「これが本当に神の回答だろうか」ということでした。万一、間違って受信したのなら私の大好きな神様を、私自身で冒涜《ぼうとく》するという結果になるからです。なんども確認しながら慎重に筆を進めていきました。

最後に、私の原稿を快く出版して頂いた明窓出版、編集者の方に深く感謝します。

二〇一二年　初春　筆者

239Pu
7
E PLURIBUS UNUM
대한민국
조선민주주의
인민공화국
7
239Pu

◎著者プロフィール◎

ベリー西村《にしむら》

兵庫県神戸市出身。

飛行時間6800時間の元パイロット。

1992年不思議な夢（文中イラスト）を見たことにより夢世界に興味を持つ。

現在ホログラム会社経営の傍らスピリチュアルサイエンス研究会代表として夢、睡眠、宇宙、時空をメインに研究している。

夢研究者《ゆめけんきゅうしゃ》と神《かみ》　～神《かみ》が語《かた》った睡眠《すいみん》・宇宙《うちゅう》・時間《じかん》の秘密《ひみつ》

平成24年３月１日初刷発行

著者名　ベリー 西村
発行者　増本利博
発行所　明窓出版株式会社
〒164-0012　東京都中野区本町6-27-13
電話　03（3380）8303　FAX　03（3380）6424
振替　00160 - 1 - 192766
ホームページ http://meisou.com

印刷所　シナノ印刷株式会社